胡適介紹自己的思想

胡適 著

胡適思想的精髓與現代詮釋——
結合學術觀點和日常體悟，人文與時代洞察並重呈現
呈現了其學術思想，窺見偉大思想家的人生和情感世界

目錄

目錄

目錄

介紹我自己的思想

我在這十年之中，出版了三集《胡適文存》，約計有一百四五十萬字。我希望少年學生能讀我的書，故用報紙印刷，要使定價不貴。但現在三集的書價已在七元以上，貧寒的中學生已無力全買了。字數近百五十萬，也不是中學生能全讀的了。所以我現在從這三集裡選出了二十二篇論文，印作一冊，預備給國內的少年朋友們作一種課外讀物。如有學校教師願意選我的文字作課本的，我也希望他們用這個選本。

我選的這二十二篇文字，可以分作五組。

第一組六篇，泛論思想的方法。

第二組三篇，論人生觀。

第三組三篇，論中西文化。

第四組六篇，代表我對於中國文學的見解。

第五組四篇，代表我對於整理國故問題的態度與方法。

為讀者的便利起見，我現在給每一組作一個簡短的提要，使我的少年朋友們容易明白我的思想的路徑。

一

第一組收的文字是：

演化論與存疑主義

杜威先生與中國

杜威論思想

問題與主義

新生活

新思潮的意義

我的思想受兩個人的影響最大：一個是赫胥黎，一個是杜威先生。赫胥黎教我怎樣懷疑，教我不信任一切沒有充分證據的東西。杜威先生教我怎樣思想，教我處處顧到當前的問題，教我把一切學說理想都看作待證的假設，教我處處顧到思想的結果。這兩個人使我明瞭科學方法的性質與功用，故我選前三篇介紹這兩位大師給我的少年朋友們。

從前陳獨秀先生曾說實驗主義和辨證法的唯物史觀是近代兩個最重要的思想方法，他希望這兩種方法能合作一條聯合戰線。這個希望是錯誤的。辨證法出於海格爾的哲學，是生物進化論成立以前的玄學方法。實驗主義是生物進化論出世以後的科學方法。這兩種方法所以根本不相容，只是因為中間隔了一層達爾文主義。達爾文的生物演化學說給了我們一個大教訓：就是教我們明瞭生物進化，無論是自然的演變，或是人為的選擇，都由於一點一滴的變異，所以是一種很複雜的現象，絕沒有一個簡單的目的地可以一步跳到，更不會有一步跳到之後可以一成不變。辨證法的哲學本來也是生物學發達以前的一種進化理論；依他本身的理論，這個一正一反、相毀相成的階段應該永遠不斷的呈現。但狹義的共產主義者卻似乎忘了這個原則，所以武斷的虛懸一個共產共有的理想境界，以為可以用階級鬥爭的方法一蹴即到，既到之後又可以用一階級專政方法把持不變。這樣的化複雜為簡單，這樣的根本否定演變的繼續，便是十足的達爾文以前的武斷思想，比那頑固的海格爾更頑固了。

實驗主義從達爾文主義出發，故只能承認一點一滴的不斷的改進是真實可靠的進化。我在《問題與主義》和《新思潮的意義》兩篇裡，只發揮這個根本觀念。我認定民國六年以後的新文化運動的目的是再造中國文明，而再造文明的途徑全靠研究一個個的具體問題。我說：

> 文明不是籠統造成的，是一點一滴的造成的，進化不是一晚上籠統進化的，是一點一滴的進化的，現今的人愛談《解放》與《改造》，須知解放不是籠統解放，改造也不是籠統改造。解放是這個那個制度的解放，這種那種思想的解放，這個那個人的解放：都是一點一滴的解放。改造是這個那個制度的改造，這種那種思想的改造，這個那個人的改造：都是一點一滴的改造。
>
> 再造文明的下手工夫是這個那個問題的研究。再造文明的進行是這個那個問題的解決。（頁五〇）

我這個主張在當時最不能得各方面的了解。當時（民國八年）承「五四」、「六三」之後，國內正傾向於談主義。我預料到這個趨勢的危險，故發表「多研究些問題，少談些「主義」的警告。我說：

凡是有價值的思想，都是從這個那個具體的問題下手的。先研究了問題的種種方面的種種事實，看看究竟病在何處，這是思想的第一步工夫。然後根據於一生的經驗學問，提出種種解決的方法，提出種種醫病的丹方，這是思想的第二步工夫。然後用一生的經驗學問，加上想像的能力，推想每一種假定的解決法應該可以有什麼樣的效果，更推想這種效果是否真能解決眼前這個困難問題。推想的結果，挑選定一種假定的（最滿意的）解決，認為我的主張，這是思想的第三步工夫。凡是有價值的主張，都是先經過這三步工夫來的。（頁二九）

我又說：

一切主義，一切學理，都該研究。但只可認作一些假設的（待證的）見解，不可認作天經地義的信條；只可認作參考印證的材料，不可奉為金科玉律的宗教；只可用作啟發心思的工具，切不可用作矇蔽聰明，停止思想的絕對真理。如此方才可以漸漸養成人類的創造的思想力，方才可以漸漸使人類有解決具體問題的能

力，方才可以漸漸解放人類對於抽象名詞的迷信。（頁三六）

這些話是民國八年七月寫的。於今已隔了十幾年，當日和我討論的朋友，一個已被殺死了，一個也頹唐了，但這些話字字句句都還可以應用到今日思想界的現狀。十幾年前我所預料的種種危險，——「目的熱」而「方法盲」，迷信抽象名詞，把主義用作矇蔽聰明停止思想的絕對真理——，一一都顯現在眼前了。所以我十分誠懇的把這些老話貢獻給我的少年朋友們，希望他們不可再走錯了思想的路子。

《新生活》一篇，本是為一個通俗週報寫的；十幾年來，這篇短文走進了中小學的教科書裡，讀過的人應該在一千萬以上了。但我盼望讀過此文的朋友們把這篇短文放在同組的五篇裡重新讀一遍。赫胥黎教人記得一句「拿證據來！」我現在教人記得一句「為什麼？」少年的朋友們請仔細想想：你進學校是為什麼？你進一個政黨是為什麼？你努力做革命工作是為什麼？革命是為了什麼而革命？政府是為了什麼而存在？

請大家記得：人同畜生的分別，就在這個「為什麼」上。

二

第二組的文字只有三篇：

《科學與人生觀》序

不朽

易卜生主義

這三篇代表我的人生觀，代表我的宗教。

《易卜生主義》一篇寫的最早，最初的英文稿是民國三年在康奈爾大學哲學會宣讀的，中文稿是民國七年寫的。易卜生最可代表十九世紀歐洲的個人主義的精華，故我這篇文章只寫得一種健全的個人主義的人生觀。這篇文章在民國七八年間所以能有最大的興奮作用，和解放作用，也正是因為他所提倡的個人主義在當日確是最新鮮又最需要的一針注射。

娜拉拋棄了家庭丈夫兒女，飄然而去，只因為她覺悟了她自己也是一個人，只因為她感覺到她「無論如何，務必努力做一個人」。這便是易卜生主義。易卜生說：

我所最期望於你的是一種真實純粹的為我主義，要使你有時覺得天下只有關於你的事最要緊，其餘的都算不得什麼。……你要想有益於社會，最好的法子莫如把你自己這塊材料鑄造成器。……有的時候我真覺得全世界都像海上撞沉了船，最要緊的還是救出自己。（頁九四）

這便是最健全的個人主義。救出自己的唯一法子便是把你自己這塊材料鑄造成器。

把自己鑄造成器，方才可以希望有益於社會。真實的為我，便是最有益的為人。把自己鑄造成了自由獨立的人格，你自然會不知足，不滿意於現狀，敢說老實話，敢攻擊社會上的腐敗情形，做一個「貧賤不能移，富貴不能淫，威武不能屈」的斯鐸曼醫生。斯鐸曼醫生為了說老實話，為了揭穿本地社會的黑幕，遂被全社會的人喊作「國民公敵」。但他不肯避「國民公敵」的惡名，他還要說老實話。他大膽的宣言：

世上最強有力的人就是那最孤立的人！

這也是健全的個人主義的真精神。

這個個人主義的人生觀一面教我們學娜拉，要努力把自己鑄造成個人；一面教我們學斯鐸曼醫生，要特立獨行，敢說老實話，敢向惡勢力作戰。少年的朋友們，不要笑這是十九世紀維多利亞時代的陳腐思想！我們去維多利亞時代還老遠哩。歐洲有了十八九世紀的個人主義，造出了無數愛自由過於麵包，愛真理過於生命的特立獨行之士，方才有今日的文明世界。

現在有人對你們說：「犧牲你們個人的自由，去求國家的自由！」我對你們說：「爭你們個人的自由，便是為國家爭自由！爭你們自己的人格，便是為國家爭人格！自由平等的國家不是一群奴才建造得起來的！」

《科學與人生觀序》一篇略述民國十二年的中國思想界裡的一場大論戰的背景和內容。（我盼望讀者能參讀《文存》三集裡《幾個反理學的思想家》的「吳敬恆」一篇，頁一五一——一八六）。在此序的末段，我提出我所謂「自然主義的人生觀」（頁七〇—七三）這不過是一個輪廓，我希望少年的朋友們不要僅僅接受這個輪廓，我希望他們能把這十條都拿到科學教室和實驗室裡去細細證實或否證。

這十條的最後一條是：

> 是根據於生物學及社會學的知識，叫人知道個人——「小我」——是要死滅的，而人類——「大我」——是不死的，不朽的；叫人知道「為全種萬世而生活」就是宗教，就是最高的宗教；而那些替個人謀死後的天堂淨土的宗教乃是自私自利的宗教。

這個意思在這裡說的太簡單了，讀者容易起誤解。所以我把《不朽》一篇收在後面，專說明這一點。

我不信靈魂不朽之說，也不信天堂地獄之說，故我說這個小我是會死滅的。死滅是一切生物的普遍現象，不足怕，也不足惜。但個人自有他的不死不滅的部分：他的一切作為，一切功德罪惡，一切語言行事，無論大小，無論善惡，無論是非，都在那大我上留下不能磨滅的結果和影響。他吐一口痰在地上，也許可以毀滅一村一族。他起一個念頭，也許可以引起幾十年的血戰。他也許「一言可以興邦，一言可以喪邦」。善亦不朽，惡亦不朽；功蓋萬世固然不朽，種一擔穀子也可以不朽，喝一杯酒，吐一口痰也可以不朽。古人說，「一出言而不敢忘父母，一舉足而不敢忘父母」。我們應該說，「說一句話而不敢忘這句話的社會影響，走一步路而不敢忘這步路的社會影響」。這才是對於大我負責任。能如此做，便是道德，便是宗教。

這樣說法，並不是推崇社會而抹煞個人。這正是極力抬高個人的重要。個人雖眇小，而他的一言一動都在社會上留下不朽的痕跡，芳不止流百世，臭也不止遺萬年，這不是絕對承認個人的重要嗎？成功不必在我，也許在我千百年後，但沒有我也絕不能成功。毒害不必在眼前，「我躬不閱，遑恤我後！」然而我豈能不負這毒害的責任？今日的世界便是我們的祖宗積的德，造的孽。未來的世界全看我們自己積什麼德或造什麼孽。世界的關鍵全在我們手裡，真如古人說的「任重而道遠」，我們豈可錯過這絕好的機會，放下這絕重大的擔子？

有人對你說，「人生如夢」。就算是一場夢罷，可是你只有這一個做夢的機會，豈可不振作一番，做一個痛痛快快轟轟烈烈的夢？

有人對你說，「人生如戲」。就說是做戲罷，可是吳稚暉先生說的好，「這唱的是義務戲，自己要好看才唱的；誰便無端的自己扮做跑龍套，辛苦的發表，止算做沒有呢？」

其實人生不是夢，也不是戲，是一件最嚴重的事實。你種穀子，便有人充饑；你種樹，便有人砍柴，便有人乘涼；你拆爛汙，便有人遭瘟；你放野火，便有人燒死。你種瓜便得瓜，種豆便得豆，種荊棘便得荊棘。少年的朋友們，你愛種什麼？你能種什麼？

三

第三組的文字，也只有三篇：

我們對於西洋近代文明的態度

漫遊的感想

請大家來照照鏡子

在這三篇裡，我很不客氣的指摘我們的東方文明，很熱烈的頌揚西洋的近代文明。

人們常說東方文明是精神的文明，西方文明是物質的文明，或唯物的文明。這是有誇大狂的妄人捏造出來的謠言，用來遮掩我們的羞臉的。其實一切文明都有物質和精神的兩部分：材料都是物質的，而運用材料的心思才智都是精神的。木頭是物質；而刳木為舟，構木為屋，都靠人的智力，那便是精神的部分。器物越完備複雜，精神的因子越多。一隻蒸汽鍋爐，一輛摩托車，一部有聲電影機器，其中所含的精神因子比我們老祖宗的瓦罐，大車，毛筆多的多了。我們不能坐在舢板船上自誇精神文明，而嘲笑五萬噸大汽船是物質文明。

但物質是倔強的東西，你不征服他，他便要征服你。東方人在過去的時代，也曾製造器物，做出一點利用厚生的文明。但後世的懶惰子孫得過且過，不肯用手用腦去和物質抗爭，並且編出「不以人易天」的懶人哲學，於是不久便被物質戰勝了。天旱了，只會求雨；河決了，只會拜金龍大王；風浪大了，只會禱告觀音菩薩或天后娘娘。荒年了，只好逃荒去；瘟疫來了，只好閉門等死；病上身了，只好求神許願。樹砍完了，只好燒茅草；山都精光了，只好對著嘆氣。這樣又愚又懶的民族，不能征服物質，便完全被壓死在物質環境之下，成了一分像人九分像鬼的不長進民族。所以我說：

> 這樣受物質環境的拘束與支配，不能跳出來，不能運用人的心思智力來改造環境改良現狀的文明，是懶惰不長進的民族的文明，是真正唯物的文明。

反過來看看西洋的文明：

> 這樣充分運用人的聰明智慧來尋求真理以解放人的心靈，來制服天行以供人用，來改造物質的環境，來改革社會政治的制度，來謀人類最大多數的最大幸福——這樣的文明是精神的文明。

這是我的東西文化論的大旨。

少年的朋友們，現在有一些妄人要煽動你們的誇大狂，天天要你們相信中國的舊文化比任何國高，中國的舊道德比任何國好。還有一些不曾出國門的愚人鼓起喉嚨對你們喊道，「往東走！往東走！西方的這一套把戲是行不通的了！」

我要對你們說：不要上他們的當！不要拿耳朵當眼睛！睜開眼睛看看自己，再看看世界。我們如果還想把這個國家整頓起來，如果還希望這個民族在世界上占一個地位，——只有一條生路，就是我們自己要認錯。我們必須承認我們自己百事不如人，不但物質機械上不如人，不但政治制度不如人，並且道德不如人，知識不如人，文學不如人，音樂不如人，藝術不如人，身體不如人。

肯認錯了，方才肯死心塌地的去學人家。不要怕模仿，因為模仿是創造的必要預備工夫。不要怕喪失我們自己的民族文化，因為絕大多數人的惰性已盡夠保守那舊文化了，用不著你們少年人去擔心。你們的職務在進取，不在保守。

請大家認清我們當前的緊急問題。我們的問題是救國，救這衰病的民族，救這半死的文化。在這件大工作的歷程裡，無論什麼文化，凡可以使我們起死回生，返老還童的，都可以充分採用，都應該充分收受。我們救國建國，正如大匠建屋，只求材料可以應用，不管他來自何方。

四

第四組的文字有六篇：

建設的文學革命論

《嘗試集》自序

文學進化觀念

國語的進化

文學革命運動

《詞選》自序

這裡有一部分是敘述文學革命運動的經過的，有一部分是我自己對於文學的見解。

我在這十幾年的中國文學革命運動上，如果有一點點貢獻，我的貢獻只在：

一，我指出了「用白話作新文學」的一條路子。

二，我供給了一種根據於歷史事實的中國文學演變論，使人明瞭國語是古文的進化，使人明瞭白話文學在中國文學史上占什麼地位。

三，我發起了白話新詩的嘗試。

這些文字都可以表出我的文學革命論也只是進化論和實驗主義的一種實際應用。

五

第五組的文字有四篇：

《國學季刊》發刊宣言

古史討論的讀後感

《紅樓夢》考證

治學的方法與材料

這都是關於整理國故的文字。

《季刊宣言》是一篇整理國故的方法總論，有三個要點：

第一，用歷史的眼光來擴大研究的範圍。

第二，用系統的整理來部勒研究的數據。

第三，用比較的研究來幫助材料的整理與解釋。

這一篇是一種概論，故未免覺的太懸空一點。以下的兩篇便是兩個具體的例子，都可以說明歷史考證的方法。

《古史討論》一篇，在我的《文存》裡要算是最精采的方法論。這裡面討論了兩個基本方法：一個是用歷史演變的眼光來追求傳說的演變。一個是用嚴格的考據方法來評判史料。

顧頡剛先生在他的《古史辨》的自序裡曾說他從我的《水滸傳考證》和《井田辨》等文字裡得著歷史方法的暗示。這個方法便是用歷史演化的眼光來追求每一個傳說演變的歷程。我考證《水滸》的故事，包公的傳說，貍貓換太子的故事，井田的制度，都用這個方法。顧先生用這方法來研究中國古史，曾有很好的成績。顧先生說的最好：「我們看史蹟的整理還輕，而看傳說的經歷卻重。凡是一件史事，應看他最先是怎樣，以後逐步逐步的變遷是怎樣。」其實對於紙上的古史蹟，追求其演變的步驟，便是整理他了。

在這篇文字裡，我又略述考證的方法，我說：

我們對於「證據」的態度是：一切史料都是證據。但史家要問：

一，這種證據是在什麼地方尋出的？

二，什麼時候尋出的？

三，什麼人尋出的？

四，依地方和時候上看起來，這個人有做證人的資格嗎？

五，這個人雖有證人資格，而他說這句話時有作偽（無心的，或有意的）的可能嗎？

《紅樓夢考證》諸篇只是考證方法的一個實例。我說：

我覺得我們做《紅樓夢》的考證，只能在「著者」和「本子」兩個問題上著手，只能運用我們力所能蒐集的材料，參考互證，然後抽出一些比較的最近情理的結論。這是考證學的方法。我在這篇文章裡，處處想撇開一切先入的成見，處處存一個搜求證據的目的，處處尊重證據，讓證據做嚮導，引我到相當的結論上去。（頁四一一—四一二）

這不過是赫胥黎，杜威的思想方法的實際應用。我的幾十萬字的小說考證，都只是用一些「深切而著明」的實例來教人怎樣思想。

試舉曹雪芹的年代一個問題作個實例。民國十年，我收得了一些證據，得著這些結論：

我們可以斷定曹雪芹死於乾隆三十年左右（約西曆一七六五）。……我們可以猜想雪芹大約生於康熙末葉（約一七一五—一七二〇），當他死時，約五十歲左右。

民國十一年五月，我得著了《四松堂集》的原本，見敦誠《挽曹雪芹》的詩題下注「甲申」二字，又詩中有「四十年華」的話，故修正我的結論如下：

曹雪芹死在乾隆二十九年甲申（一七六四），……他死時只有「四十年華」，我們可以斷定他的年紀不能在四十五歲以上。假定他死時年四十五歲，他的生時當康熙五十八年（一七一九）。

但到了民國十六年，我又得了《脂硯齋評本〈石頭記〉》，其中有「壬午除夕，書未成，芹為淚盡而逝」的話。壬午為乾隆二十七年，除夕當西曆一七六三年二月十二日，和我七年前的斷定（「乾隆三十年左右，約西曆一七六五」）只差一年多。又假定他活了四十五歲，他的生年大概在康熙五十六年（一七一七），這也和我七年前的猜測正相符合。

考證兩個年代，經過七年的時間，方才得著證實。證實是思想方法的最後又最重要的一步。不曾證實的理論，只可算是假設；證實之後，才是定論，方是真理。我在別處（《文存》三集，頁二七三）說過：

我為什麼要考證《紅樓夢》？

在消極方面，我要教人懷疑王夢阮，徐柳泉一班人的謬說。在積極方面，我要教人一個思想學問的方法。我要教人疑而後信，考而後信，有充分證據而後信。

我為什麼要替《水滸傳》作五萬字的考證？我為什麼要替盧山一個塔作四千字的考證？我要教人知道學問是平等的，思想是一貫的。……肯疑問「佛陀耶舍究竟到過盧山沒有」的人，方才肯疑問「夏禹是神是人」。有了不肯放過一個塔的真偽的思想習慣，方才敢疑上帝的有無。

少年的朋友們，莫把這些小說考證看作我教你們讀小說的文字。這些都只是思想學問的方法的一些例子。在這些文字裡，我要讀者學得一點科學精神，一點科學態度，一點科學方法。科學精神在於尋求事實，尋求真理。科學態度在於撇開成見，擱起感情，只認得事實，只跟著證據走，科學方法只是「大膽的假設，小心的求證」十個字。沒有證據，只可懸而不斷；證據不夠只可假設，不可武斷；必須等到證實之後，方才奉為定論。

少年的朋友們，用這個方法來做學問，可以無大差失，用這種態度來做人處事，可以不至於被人蒙著眼睛牽著誰鼻子走。

從前禪宗和尚曾說，「菩提達摩東來，只要尋一個不受人惑的人」。我這裡千言萬語，也只是要教人一個不受人惑的方法。被孔丘，朱熹牽著鼻子走，固然不算高明；被馬克思，列寧，史達林牽著鼻子走，也算不得好漢。我自己絕不想牽著誰的鼻子走。我只希望盡我的微薄的能力，教我的少年朋友們學一點防身的本領，努力做一個不受人惑的人。

抱著無限的愛和無限的希望，我很誠摯的把這一本小書貢獻給全國的少年朋友！

十九，十一，二十七晨二時，將離開江南的前一日

《王小航先生文存》序

《王小航先生文存》序

去年九月，我來到北平，借住在大羊宜賓衚衕任叔永家中。十月八日，有一位白頭老人來訪，我不在寓，他留下了一大包文字，並寫了一張短條子留給我。我看了他的字條，才知道他是三十多年前的革新志士，官話字母的創始人王小航先生。我久想見見這位老先生，想不到他先來看我了。第二天，我把他留下的文稿都讀完了，才又知道這位七十二歲的老新黨，在思想上，還是我的一個新同志。他在雜誌上見到梁漱溟先生和我辯論的文字，他對我表示同情，所以特地來看我。我得著他的讚許，真是受寵若驚的了。

第三天，我到水東草堂去看王先生，暢談了一次。我記得他很沉痛的說：「中國之大，竟尋不出幾個明白的人，可嘆可嘆！」我回來想想，下面沒有普及教育，上面沒有高等教育，明白的人難道能從半空裡掉下來？然而平心說來，國中明白的人也並非完全沒有。只因為他們都太聰明瞭，都把利害看的太明白了，所以他們都不肯出頭來做傻子，說老實話。這個國家吃虧就在缺少一些敢說老實話的大傻子。

王小航先生就是一個肯說老實話的傻子。他在《賢者之責》一篇的末段有這八個字：

朋友朋友，說真的吧！

我去年十月讀了這八個字，精神上受著很大的感動。這八個字可以代表王先生四十年來的精神，也可以代表王先生這四卷文存的精神。讀這四卷文存的人盡可以不贊成王先生的思想，但總應該對他這點敢說真話的精神表示深重的敬禮。

「說真的吧」，這四個字看來很平常，其實最不容易，必須有古人說的「貧賤不能移，富貴不能淫，威武不能屈」的精神，方才敢說真話。在今日的社會，這三個條件之外，必須還要加上一個更重要的條件，就是要「時髦不能動」。多少聰明人，不辭貧賤，不慕富貴，不怕威權，只不能打破這一個關頭，只怕人笑他們「落伍」！只此不甘落伍的一個念頭，就可以叫他們努力學時髦而不肯說真話。王先生說的最好：

> 時髦但圖聳聽，鼓怒浪於平流。自信日深，認假語為真理。

其初不過是想博得臺下幾聲拍掌，但久而久之，自己麻醉了自己，也就會認時髦為真理了。

王先生在戊戌六月，——在「拳匪」之禍爆發之前兩年——即已提倡「國人智慧遠遜彼族，議論浮偽萬難圖存」的反省議論。庚子「亂」後，他還是奉旨嚴拿的欽犯，他躲在天津，創作官話字母，想替中國造出一種普及教育的利器。他冒生命的危險，到處宣傳他的拼音新字，後來他被捕入獄兩月餘，釋放後仍繼續宣傳新字。到了民國元年，他在上海發表《救亡以教育為主腦論》，主張教育之要旨在於使人人有生活上必須之知識；主張教育是政治的主腦，而一切財政，外交，邊防等等都只是所以維持國家而使這教育主義可以實現的工具。到了民國十九年，他作《實心救國不暇張大其詞》一文，仍只是主張根本之計在於普及教育。這都像是老生常談，都是時髦人不屑談的話。但王先生問我們：

天下事那有捷徑？

我們試聽他老人家講一段故事：

戊戌年，餘與老康（有為）講論，即言「……我看止有盡力多立學堂，漸漸擴充，風氣一天天的改變，再行一切新政」。老康說：「列強瓜分就在眼前，你這條道如何來得及？」迄今三十二年矣，來得及，來不及，是不貼題的話。

我盼望全國的愛國君子想想這幾句很平凡的真話，想想這位「三十餘年拙論不離普及教育一語」的老新黨，再問問我們的政府諸公：究竟我們還得等候幾十年才可有普及教育？

一九三一年五月三十一日

報紙文字應該完全用白話

報紙文字應該完全用白話

近幾年來，中國報紙的趨勢有兩點最可注意：第一是點句的普遍，第二是白話部分的逐漸增加。這兩件事其實只是一件事，都只是要使看報人容易了解，都只是要使報紙的文字容易懂得。

古書的難懂，不全在文字的難認，識了幾千字的人，往往還不能讀沒有句讀的書。所以古時凡要人容易懂得的文字，必須加上句讀。所以童蒙讀本有句讀，告示有硃筆句讀，佛經刻本有句讀，訴狀公牘必須點句，科舉考卷也要作者自己點句。平民社會最流行的唱本和戲文也須每句每頓空一格，這也是一種點句法。從前北京銷行下層社會最廣的《群強報》，他的新聞差不多全是剪抄普通報紙的新聞，不過每句每讀留一個空格，居然也就好懂多了。最早的報紙，如南方的《申報》，《新聞報》，如北方的《大公報》，都不點句，也不空格。最早的雜誌如《清議報》，《時務報》，也都不點句。這種日報雜誌本來都是給讀書人看的，所以沒有斷句的必要。斷句就是瞧不起列位看官了！只有一班志士為老百姓辦的官話報或俗話報，才有空格斷句的方法。圈點的採用起於《新民叢報》時代的雜誌，而最先影響到日報的社論一欄。《時報》，《南方報》，《神州日報》的論說都是採用圈點最早的。但當時的圈點都還是文章家濃圈密點的欣賞符號，至多也不過是引人注意的符號，還不全是為了謀一般讀者便利的斷句符號。新式句讀符號的採用，起於留美學生辦的《科學》雜誌。民國七年以後，《新青年》雜誌開始用新式句讀符號。後來北大教授們提出的「標點符號案」經教育部頒布之後，「標點符號」的名稱就正式成立了，標點的採用也更廣了。日報的「副刊」盛行之後，各報都找少年作家來辦副刊，而少年作家風氣較先，所以標點符號最早侵入了各報的副刊裡。可是日報的訪員與編輯都還是舊人居多，所以新聞欄的採用點句法不過是最近幾年的事。近年的新式廣告也漸漸有採用標點的了。報紙有了點句，稍識字的人就能看報，報紙的銷路也自然增加了，所以新聞點句的風氣現在差不多普及全國的報界了。

用白話做文章，這也是近十六年的新風氣。十六年前，白話報是為「他們」老百姓辦的，不是給「我們」讀書人看的。民國七年復活的《新青年》雜誌才有一班文人決心用白話為「我們」自己做文章。民國十年以後才有國語的小學教科書。八年的「五四」運動以後，國內發生了無數的白話小雜誌，造成了許多少年的白話文作家。十幾年來，國內的雜誌，除了極少數的幾種之外，差不多完全白話化了。

日報「副刊」的編者與作者大都是新少年，所以白話化的也特別早。所以日報的白話化，同日報的標點分段一樣，是從「報屁股」上白起來的，現在有許多日報已經白到頭上了，白話化到社論欄裡了。可是中間的大部分——電報與新聞——都還是文言。試取天津兩家最大的日報來作統計：

	《大公報》	《益世報》
	（一月四日十四版）	（一月三日十四版）
文言合計	四版	三版半
白話合計	二版半	三版半
廣告合計	七版	版版
圖書	半版	零

在十四版之中，白話所占篇幅還不到百分之十八。在《大公報》的六版半的讀物之中，白話只占百分之三十八。然而從日報的歷史上看來，這樣的比例也就很可以使我們樂觀了。十六年的工夫，能使日報的文字變到百分之四十的白話化，

這不能不算是很大的進步了。

報紙的文字越易懂，銷路自然越好，影響也自然越大。這是人人都知道的。然而今日國內日報何以還不肯完全用白話作社論寫新聞呢？

我想，這時候全用白話辦日報，的確還有不少的困難：第一是用白話打電報，字數比文言多，電報費太重。第二是用白話記載新聞，字數也比文言多，占篇幅太多。但仔細一想，這些困難都不是無法解決的。西洋人發電報也有刪削虛字等等省費方法，報館訪員發電刪略更多，幾乎成一種特別文字，非受過報館訓練的人就完全看不懂。但通訊社與報館都有一種改寫（rewrite）的制度，有專員多人管理電報的改寫。每到一個電報，即付改寫部，把一篇刪節縮寫的簡電改成通暢明白的文字。改寫之後，再交編輯部去編排整理。往往幾十個字的電文可以改寫成幾百字的長篇新聞。其實中國的報館現在早已有了「改寫」的需要，如電文中「魚」下加註「六日」，「嘯」下加註「十八日」，「汪」下加註「精衛」，都是「改寫」的起點，不過中國報館編輯先生至今還不肯刪去「魚」、「嘯」等字，老實改作「六日」、「十八日」，因為報館要表示他們的確有錢打專電，若刪去了「魚」、「嘯」等字就不像「本館專電」了！若能推廣這種「改寫」的方法，電文不妨仍舊用簡短的文字，只須這一頭收電時有個淵博能文的改寫專家，就可以把簡短刪略的電文改作漂亮明暢的白話了。

至於新聞的記載，更不成問題。新聞本是今天的事，應該用今天的活言語記載：對新聞記者談話當然應該用白話記錄，才可以傳神傳信。有經驗的訪員，若能抓住事實的綱領或談話的中心，用白描文字去描寫記錄，自然能扼要而不煩瑣。現在各報的記事記言，往往都是把活人的言行翻作死人的文字，記錄的人又往往沒有文字的訓練，所以只能用許多陳言爛調來做文章。所以往往在一段比球的記事裡也可以發見許多陳腐的套語，文字的冗長往往都是這樣來的。試看今日各報的文言記載，「天寒」必用「朔風刺骨」，「住」必用「下榻」，「問」必用「詢」，「使」必用「俾」，這種人做記載，文字那得不冗長呢？今日要救正這種陳腐拖沓的文字病，用乾淨的白話是最有效的方法。

今天（五日）晚報的福州專電說，福州的人民政府已把一切公文都改用白話加標點符號了。這是自然的趨勢，遲早總會全國實行的。我們睜眼看看世界，今天還有一個文明國家的公文報紙用死文字的嗎？報紙應該領導全國，所以我借《大公報》的新年第一次星期論文的機會，很誠懇的提議：中國的報紙應該完全用白話。

二三，一，五

「舊瓶不能裝新酒」嗎？

近人愛用一句西洋古話「舊瓶不能裝新酒」。我們稍稍想一想，就可以知道這句話一定是翻譯錯了，以訛傳訛，鬧成了一句大笑話。一個不識字的老媽子也會笑你：「誰說舊瓶子裝不了新酒？您府上裝新酒的瓶子，那一個不是老啤酒瓶子呢？您打那兒聽來的奇談？」

這句話的英文是「No man putteth new wine into old bottles」，譯成了「沒有人把新酒裝在舊瓶子裡」，好像一個字不錯，其實是大錯了。錯在那個「瓶子」上，因為這句話是猶太人的古話，猶太人裝酒是用山羊皮裝的。這句古話出於《馬可福音》第二章，二十二節，全文是：

> 也沒有人把新酒裝在舊皮袋裡，恐怕酒把皮袋裂開，酒和皮袋就都壞了。只有把新酒裝在新皮袋裡。

這是用一八二三年的官話譯本。一八〇四年的文言譯本用「舊革囊」譯 Old bottles。皮袋用久了，禁不起新酒，往往要裂開。（此項裝酒皮袋是用山羊皮做的，光的一面做裡子。耶路撒冷人至今用這法子。見《聖經字典》Bottles 一條。）若用瓦瓶子，磁瓶子，玻璃瓶子，就不怕裝新酒了。百年前翻譯《新約》的人知道這個道理，所以不用「瓶」字，而用「舊皮袋」，「舊革囊」。今人不懂得猶太人的酒囊做法，見了Bottles就胡亂翻作「瓶子」，所以鬧出「舊瓶子不能裝新酒」的傻話來了。

這番話不僅僅是做「酒瓶子」的考據，其中頗有一點道理值得我們想想。能不能裝新酒，要看是舊皮袋，還是舊磁瓶。「舊瓶不能裝新酒」是錯的；可是「舊皮囊裝不得新酒」是不錯的。

昨天在《大公報》上看見我的朋友蔣廷黻先生的星期論文，題目是《新名詞，舊事情》。他的大意是說：

總而言之，近代的日本是拿舊名詞來幹新政治，近代的中國是拿新名詞來玩舊政治。日本託古以維新，我們則假新以復舊。其結果的優劣，早已為世人所共知共認。推其故，我們就知道這不是偶然的。第一，舊名詞如同市場上的舊貨牌，已得社會信仰。……所以善於經商者情願換貨不換牌子。第二，新名詞的來源既多且雜，……正如市上的雜牌偽牌太多了，顧客就不顧牌子了，所以新名詞既無號召之力，又使社會紛亂。第三，意態是環境的產物。……環境不變而努力於新意態新名詞的製造，所得成績一定是皮毛。

他在這一篇裡也提到舊瓶裝新酒的西諺。他說：

日本人於名詞不嫌其舊，於事業則求其新。他們維新的初步是尊王廢藩。他們說這是復古。但是他們在這復古的標語之下建設了新民族國家。……日本政治家一把新酒擱在舊瓶子裡，日本人只嘆其味之美，所以得有事半功倍之效。

我想，蔣先生大概也不曾細考酒瓶子有種種的不同，日本人用的大概是瓦瓶子，瓶底子不容易瀝乾淨，陳年老酒瀝積久了，新酒裝進去，也就占其餘香，所以倒出來令人嘆其味之美，鴉片煙鬼愛用老煙鬥，吸淡巴菰的老癮也愛用多年的老煙鬥，都是同一道理。可是二三十年前，我們中國人也曾提出不少「復古」的標語。「共和」比「尊王廢藩」古的多了，據說是西元前八百多年就實行過十四年有「共和」，更推上去，還可以上溯堯舜的禪讓。「維新」、「革命」也都有古經的根據。祭天，祀天，復闢，也都是道地的老牌子。孫中山先生也曾提出「王道」和忠孝仁愛等等老牌子。陳濟棠先生和鄒魯先生在廣東還正在提倡人人讀《孝經》哩！奇怪的很，這些「老牌子」怎麼也和「新名詞」一樣「無號召之力」呢？我想，大概我們用來裝新酒的，不是燒瓦，不是玻璃，只是古猶太人的「舊皮袋」，所以恰恰應了猶太聖人說的「舊皮囊裝不得新酒」的古話。

蔣先生說：

問題是這些新主義與我們這個舊社會合適不合適。

是的！這確是一個問題。不過同時我們也可以對蔣先生說：

問題是那些老牌子與我們這個新社會合適不合適。

這也是一個真實的問題。因為，無論蔣先生如何抹殺新事情，眼前的中國已不是「舊社會」一個名詞能包括的了。千不該，萬不該，西洋鬼子打上門來，逼我們鑽進這新世界，強迫我們劃一個新時代。若說我們還不夠新，那是無可諱的。若說這還是一個「舊社會」，還是應該要倚靠「有些舊名詞的號召力」，那就未免太抹殺事實了。

平心而論，近代的日本也並不是「拿舊名詞來幹新政治」。因為日本的皇室在那一千二百年之中全無實權，只有空名，所以「尊王」在當日不是舊名詞。因為幕府專政藩閥割據已有了七百年之久，所發「覆幕廢藩」在當日也不是舊名詞。這都是新政治，不是舊名詞。

我們今日需要的是新政治，即是合適於今日中國的需要的政治。我們要學人家「幹新政治」，不必問他們用的是新的或舊的名詞。

二十三，一，二十三

贈與今年的大學畢業生

兩年前的六月底，我在《獨立評論》（第七號）上發表了一篇《贈與今年的大學畢業生》，在那篇文字裡我曾說，我要根據我個人的經驗，贈送三個防身的藥方給那些大學畢業生：

第一個方子是：「總得時時尋一個兩個值得研究的問題。」一個青年人離開了做學問的環境，若沒有一個兩個值得解答的疑難問題在腦子裡打旋，就很難保持學生時代的追求知識的熱心。「可是，如果你有了一個真有趣的問題天天逗你去想他，天天引誘你去解決他，天天對你挑釁笑你無可奈何他，——這時候，你就會同戀愛一個女子發了瘋一樣，沒有書，你自會變賣傢俬去買書；沒有儀器，你自會典押衣服去置辦儀器；沒有師友，你自會不遠千里去尋師訪友。」沒有問題可研究的人，關在圖書館裡也不會用書，鎖在試驗室裡也不會研究。

第二個方子是：「總得多發展一點業餘的興趣。」畢業生尋得的職業未必適合他所學的；或者是他所學的，而未必真是他所心喜的。最好的救濟是多發展他的職業以外的正當興趣和活動。一個人的前程往往全看他怎樣用他的閒暇時間。他在業餘時間做的事業往往比他的職業還更重要。英國哲人彌兒（J. S. Mill）的職業是東印度公司的祕書，但他的業餘工作使他在哲學上，經濟學上，政治思想上都有很重要的貢獻。乾隆年間杭州魏之琇在一個當鋪裡做了二十年的夥計，「晝營所職，至夜篝燈讀書」，後來成為一個有名的詩人與畫家（有柳洲遺稿，嶺雲集）。

第三個方子是：「總得有一點信心。」我們應該信仰：今日國家民族的失敗都由於過去的不努力；我們今日的努力必定有將來的大收成。一粒一粒的種，必有滿倉滿屋的收。成功不必在我，而功力必然不會白費。

這是我對兩年前的大學畢業生說的話。今年又到各大學辦畢業的時候了。前兩天我在北平參加了兩個大學的畢業典禮，我心裡要說的話，想來想去，還只是這三句話：要尋問題，要培養業餘興趣，要有信心。

但是，我記得兩年前，我發表了那篇文字之後，就有一個大學畢業生寫信來說：「胡先生，你錯了。我們畢業之後，就失業了！吃飯的問題不能解決，那能談到研究的問題？職業找不到，那能談到業餘？求了十幾年的學，到頭來不能糊自己一張嘴，如何能有信心？所以你的三個藥方都沒有用處！」

對於這樣失望的畢業生，我要貢獻第四個方子：「你得先自己反省，不可專責備別人，更不必責備社會。」你應該想想：為什麼同樣一張文憑，別人拿了有效，你拿了就無效呢？還是僅僅因為別人有門路有援助而你沒有呢？還是因為別人學到了本事而你沒學到呢？為什麼同叫做「大學」，他校的文憑有價值，而你的母校的文憑不值錢呢？還是僅僅因為社會只問虛名而不問實際呢？還是因為你的學校本來不夠格？還是因為你的母校的名譽被你和你的同學鬧的毀壞了，所以社會厭惡輕視你的學堂呢？——我們平心觀察，不能不說今日中國的社會事業已有逐漸上軌道的趨勢，公私機關的用人已漸漸變嚴格了。凡功課太鬆，管理太寬，教員不高明，學風不良的學校，每年儘管送出整百的畢業生，他們在社會上休想得著很好的位置。偶然有了位置，他們也不會長久保持的。反過來看那些認真辦理而確能給學生一種良好訓練的大學，——尤其是新興的清華大學與南開大學——他們的畢業生很少尋不著好位置的。我知道一兩個月之前，幾家大銀行早就有人來北方物色經濟學系的畢業人才了。前天我在清華大學，聽說清華今年工科畢業的四十多人早已全被各種工業預聘去了。現在國內有許多機關的主辦人真肯留心選用各大學的人才。兩三年前，社會調查所的陶孟和先生對我說：「近年北大的經濟系畢業學生不如清華畢業的，所以這兩年我們沒有用一個北大經濟生。」剛巧那時我在火車上借得兩本雜誌，讀了一篇研究，引起了我的注意；後來我偶然發現那篇文字的作者是一個北大未畢業的經濟系學生，我叫他把他做的幾篇研究送給陶孟和先生看看。陶先生看了大高興，叫他去談，後來那個學生畢業後就在社會調查所工作到如今，總算替他的母校在陶孟和先生的心目中恢復了一點已失的信用。這一件事應該使我們明白社會上已漸漸有了嚴格的用人標準了：在一個北大老教員主持的學術機關裡，若沒有一點可靠的成績，北大的老招牌也不能幫誰尋著工作。在蔡元培先生主持的中央研究院裡，去年我看見傅斯年先生在暑假前幾個月就聘定了一個北大國文系將畢業的高材生，今年我又看見他在暑假前幾個月就要和清華大學搶一個清華史學系將畢業的高材生。這些事都應該使我們明白今日的中國社會已不是一張大學文憑就能騙得飯吃的了。拿了文憑而找不著工作的人們，應該要自己反省：社會需要的是人才，是本事，是學問，而我自己究竟是不是人才，有沒有本領？從前在學校挑容易的功課，擁護敷衍的教員，打倒嚴格的教員，曠課，鬧考，帶夾帶，種種躲懶取巧的手段到此全失了作用。躲懶取巧混來的文憑，在這新興的嚴格用人的標準之下，原來只是一張廢紙！即使這張文憑能夠暫時混得一隻飯碗，分得幾個鐘點，終久是靠不住保不牢的，終久要被後起的優秀人才擠掉的。打不破的「鐵飯碗」不是父兄的勢力，不是闊校長的薦書，也不是同學黨派的援引，只是真實的學問與訓練。——能夠如此想，才是反省。能夠如此反省，方才有救援自己的希望。

「畢業了就失業」的人們怎樣才可以救援自己呢？沒有別的法子，只有特別努力，自己多學一點可靠的本事。二十多歲的青年，若能自己勉力，沒有不能長進的。這個社會是最缺乏人才又最需要人才的；一點點的努力往往就有十倍百倍的獎勵，一分的成績往往可以得著十分百分的虛聲。社會上的獎掖只有遠超過我們所應得的，決沒有真正的努力而不能得著社會的承認的。沒有工作機會的人，只有特別努力訓練自己可以希望得著工作；有工作機會而嫌待遇太薄地位太低的人，也只有特別努力工作可以靠成績來抬高他的地位。只有責己是生路，因為只有自己的努力最靠得住。

紀念「五四」

「五四」是十六年前的一個可紀念的日子。民國八年五月四日（星期日）下午，北京的十幾個學校的幾千學生集會在天安門，人人手裡拿著一面白旗，寫著「還我青島」，「誅賣國賊曹汝霖，陸宗輿，章宗祥」，「日本人之孝子賢孫四大金剛三上將」等等字樣。他們整隊出中華門，前面兩面很大的國旗，中間夾著一幅輓聯，上款是「曹汝霖，陸宗輿，章宗祥遺臭千古」。下款是「北京學界淚挽」。他們沿路散了許多傳單，其中最重要的一張傳單是這樣寫的：

北京學界全體宣言

現在日本在萬國和會要求併吞青島，管理山東一切權利，就要成功了！他們的外交大勝利了！我們的外交大失敗了！山東大勢一去，就是破壞中國的領土！中國的領土破壞，中國就亡了！所以我們學界今天排隊到各國公使館去要求各國出來維持公理。務望全國工商各界一律起來設法開國民大會，外爭主權，內除國賊。中國存亡，就在此一舉了！今與全國同胞立兩個信條道：

中國的土地可以征服而不可以斷送！

中國的人民可以殺戮而不可以低頭！

國亡了！同胞起來呀！

他們到東交民巷西口，被使館界巡警阻止不得通過，他們只能到美國使館遞了一個說帖，又舉了六個代表到英法意三國使館去遞說帖。因為是星期日，各國公使都不在使館，只有參贊出來接見，表示同情。

大隊退出東交民巷，經過戶部街，東長安街，東單牌樓，石大人衚衕，一直到趙家樓的曹汝霖住宅。曹家的大門緊閉，大家齊喊「賣國賊呀！」曹宅周圍有一兩百警察，都站著不動。有些學生用旗杆搗下房上的瓦片，有幾個學生爬上牆去，跳進屋去，把大門開啟，大家就擁進去了。這一天，曹汝霖和章宗祥都在這屋裡，群眾人太多了，反尋不著這兩個人。他們捉到曹汝霖的爹，小兒子，小老婆，都放了出去。他們打毀了不少的傢俱。後來他們捉到了章宗祥（駐日公使），打了他一頓，打的頭破血流。這時候，有人放了火，火勢大了，學生才跑出去。警察總監吳炳湘帶隊趕到，大眾已散去了，只捉去了在路上落後的三十三個人。

這是「五四」那天的經過。（那時我在上海，以上的記載是根據《每週評論》第二十一期的材料。）

這一天的怒潮引起了全國的波動。北京政府最初採用壓迫的手段，拘捕學生，封禁《益世報》，監視《晨報》，《國民公報》，下令褒獎曹陸章三人的功績。學生被拘禁了四天，由各校校長保釋了。北京各校的學生天天組織露天講演隊，勸買國貨，宣傳對日本的經濟抵制。全國各地的學生也紛紛響應。日本政府來了幾次抗議，使中國青年特別憤慨。這樣鬧了一個多月，到六月三日，北京政府決心作大規模的壓迫，開始捉拿滿街講演的學生。六月四日，各校學生聯合會也決議更大規模的愛國講演。六月三四兩日被捉的學生約有兩千多人，都被拘禁在北河沿北京大學法科。越捉越多，北大法科容不下了，馬神廟的北大理科也被圍作臨時監獄了。五日的下午，各校派大隊出發講演，合計三千多人，分做三個大縱隊：從順治門到崇文門，從東單牌樓到西單牌樓，都有講演隊，捉也無從捉起了。政府才改變辦法：只趕跑聽眾，不拘捕學生了。

那兩天，兩千多學生被關在北大法科理科兩處，北河沿一帶紮了二十個帳棚，有陸軍第九師，步兵一營和第十五團駐紮圍守，從東華門直到北大法科，全是兵士帳棚。我們看六月四日警察廳致北京大學的公函，可以想像當日的情狀：

逕啟者：昨夜及本日迭有各學校學生一二千人在各街市遊行演說，當經本廳遵照五月二十五日大總統命令，派出員警盡力制止，百般勸解，該學生等終不服從，猶復強行演說。當時地方秩序頗形擾亂，本廳商承警備總司令部，為維持公安計，不得已將各校學生分送北京大學法科及理科，酌派軍警監護，另案呈請政府，聽候解決。唯各該校人數眾多，所有飲食用具，應請貴校速予籌備，以資應用。除函達教育部外，相應函達查照辦理。此致北京大學。八年六月四日。

六月四日上海天津得著北京大拘捕學生的電報，各地人民都很憤激，學生都罷課了，上海商人一致宣布罷市三天。天津商人也宣布罷市了。上海罷市訊息轉到北京，政府才驚慌了，五日下午，北河沿的軍隊悄悄的撤退了，二十個帳棚也撤掉了。

這回學生奮鬥一個月的結果，最重要的有兩點：一是曹汝霖，陸宗輿，章宗祥的免職，二是中國出席和會的代表不敢在斷送山東的和約上簽字。政府屈服了，青年勝利了。（以上記載參用《每週評論》第二十五期的記事。）

「五四運動」一個名詞，最早見於八年五月二十六日的《每週評論》（第二十三期）。一位署名「毅」的作者，——我不記得是誰的筆名了，——在那一期裡寫了一篇《五四運動的精神》，那篇文章是值得摘抄在這裡的：

什麼叫做「五四運動」呢？

民國八年五月四日北京學生幾千人，因山東問題失敗，在政府高壓的底下，居然列隊示威，作正當民意的表示。這是中國學生的創舉，是中國教育界的創舉，也是中國國民的創舉。大家不可忘了！……這次運動裡有三種真精神，可以關係中國民族的存亡。

第一，這次運動是學生犧牲的精神。……一班青年學生奮空拳，揚白手，和黑暗勢力相鬥，……這樣的犧牲精神不磨滅，真是再造中國的元素。

第二，是社會裁制的精神。……這次學生雖然沒有把他們（賣國賊）一個一個的打死，但是把他們在社會上的偶像打破了！以後的社會裁制更要多哩！……

第三，是民族自決的精神。……這次學生不問政府，直接向公使團表示，是中國民族對外自決的第一聲。不求政府，直接懲辦賣國賊，是對內自決的第一聲。……

這篇文章發表在「五四運動」收到實際政治的效果之前，這裡的三個評判是很公道的猜想。

現在這個壯烈的運動已成了十六年前的史蹟了。我們現在追敘這個運動的起源，當然不能不回想到那個在蔡元培先生領導之下的北京大學。蔡先生到北大，是在六年一月。在那兩年之中，北大吸收了一班青年的教授，造成了一點研究學術和自由思想的風氣。在現在看來，那種風氣原算不得什麼可驚異的東西。但在民國七八年之間，北大竟成了守舊勢力和黑暗勢力最仇視的中心。那個時代是安福俱樂部最得意的時代，那一班短見的政客和日本軍閥財閥合作，成立了西原借款和中日軍事協定。在那強鄰的勢力和金錢的庇護之下，黑暗的政治勢力好像是安如泰山的了。當時在北方的新勢力中心只有一個北京大學。蔡先生初到北大，第一天就提出「研究學術」的宗旨，這是不致引起政府疑忌的。稍稍引起社會注意的是陳獨秀先生主辦的《新青年》雜誌，最初反對孔教，後來提倡白話文學，公然主張文學革命，漸漸向舊禮教舊文化挑戰了。當時安福政權的護法大神是段祺瑞，而段祺瑞的腦筋是徐樹錚。徐樹錚是林紓的門生，頗自居於「衛道君子」之流。《新青年》的同人攻擊舊文學與舊禮教，引起了林紓的反攻，林紓著了幾篇短篇小說，登在上海新《申報》上，其中《荊生》一篇，很明顯的攻擊陳獨秀，胡適，錢玄同三人，並且希望有個偉丈夫荊生出來，用重十八斤的銅鐧，來制伏書痴。那篇小說的末尾有一唱三歎的論贊，中有云：

如此混濁世界，亦但有田生（陳）狄生（胡）足以自豪耳！安有荊生！

這是反激荊生的話，大家都很明白荊生暗射小徐將軍，——荊徐都是州名。所以在八年的春初，北京早已鬧起「新舊思潮之爭」，北大早已被認為新思想的大本營了。

但單有文學禮教的爭論，也許還不至於和政治勢力作直接衝突。七年的《新青年》雜誌是有意不談政治的。不談政治而專注意文藝思想的革新，那是我的主張居多。陳獨秀，李大釗，高一涵諸先生都很注意政治的問題。蔡先生也是關心政治的改善的。這種政治興趣的爆發是在歐戰終了（七年十一月十一）的訊息傳來的時候。停戰的電報傳出之夜，全世界都發狂了，中國也傳染著了一點狂熱。北京各學校，十一月十四日到十六，放了三天假，慶祝協約國的戰勝。那幾天，「旌旗滿街，電彩照耀，鼓樂喧闐，好不熱鬧！東交民巷以及天安門左近，遊人擁擠不堪。」（用陳獨秀的《克林德碑》文中的話。）這時候，蔡先生（他本是主張參戰的）的興致最高，他在那三天慶祝之後，還向教育部借了天安門的露天講臺，約我們一班教授做了一天的對民眾的「演說大會」。（演說辭散見《新青年》五卷五號及六號。）他老人家也演說了好幾次。

這樣熱烈的慶祝協約國的勝利，難道蔡先生和我們真相信「公理戰勝強權」了嗎？現在回想起來，我們在當時都不免有點「借他人之酒杯，澆自己之塊磊」。我們大家都不滿意於國內的政治和國際的現狀，都渴望起一種變化，都渴望有一個推動現狀的機會。那年十一月的世界狂熱，我們認作一個世界大變局的起點，也想抓住它作為推動中國社會政治的起點，同時我們也不免都受了威爾遜大總統的「十四原則」的麻醉，也都期望這個新世界可以使民主政治過平安日子。蔡先生最熱心，也最樂觀，他在那演說大會上演說《黑暗與光明的消長》（《蔡先生言行錄》頁八四－九十），他說：

我們為什麼開這個演說大會？因為大學職員的責任並不是專教幾個學生，更要設法給人人都受一點大學教育。在外國叫做平民大學。這一回的演說大會就是中國平民大學的起點。

這幾句話可以顯出蔡老先生的偉大精神。這是他第一次藉機會把北京大學的使命擴大到研究學術的範圍以外。他老人家忍了兩年，此時他真忍不住了！他說：

但我們的演說大會何以開在這個時候呢？現在正是協約國戰勝德國的訊息傳來，北京的人都高興的了不得。請教為什麼要這樣高興？

諸君不記得波斯拜火教嗎？他用黑暗來比一切有害於人類的事，用光明來比一切有益於人類的事。所以說世界上有黑暗的神與光明的神相鬥，光明必占勝利。這真是世界進化的狀態。……距今一百三十年前的法國大革命，把國內政治上一切不平等黑暗主義都消滅了。現在世界大戰爭的結果，協約國占了勝利，定要把國際間一切不平等的黑暗主義都消滅了，別用光明主義來代他。

第一是黑暗的強權論消滅，光明的互助論發展。

第二是陰謀派消滅，正義派發展。

第三是武斷（獨裁）主義消滅，平民主義發展。

第四是種族偏見消滅，大同主義發展。

我們在十六七年後回頭重讀這篇偉大的演說，我們不承認蔡先生的樂觀完全失敗了。但我們不要忘記：第一，蔡先生當日的樂觀是根據於他的哲學信仰上的樂觀，他是誠意的信仰互助論必能戰勝強權論的，所以他的樂觀是有熱力的，能感動人的。第二，他的樂觀是當日（七年十一月）全世界渴望光明的人們同心一致的樂觀，那「普天同慶」的樂觀是有感動人的熱力與傳染性的。這種樂觀是民國八年以後中國忽然呈現生氣的一個根苗，而蔡先生就是那散布那根苗的偉大領袖。若沒有那種樂觀，青年不會有信心，也絕不會有「五四」、「六三」的壯烈運動起來。「五四」的事件固然是因為四月底巴黎和會的惡訊息傳來，威爾遜總統的理想主義完全被現實政治的妥協主義打消了，大家都深刻的感覺那六個月的樂觀的幻滅。然而正因為有了那六個月的樂觀與奢望，所以那四五月間的大失望能引起有熱力的反動。況且我們看那幾千學生五月四日在美國使館門口高喊著「大美國萬歲！威爾遜大總統萬歲！大中華民國萬歲！世界永久和平萬歲！」我們不能不承認那引起全世界人類樂觀的威爾遜主義在當日確是「五四」運動的一種原動力。蔡先生和當日的幾個開明的政治家（如林長民，汪大燮）都是宣傳威爾遜主義最出力的人。

蔡先生這篇演說的結語也是最值得注意的。他說：

世界的大勢已到這個程度，我們不能逃在這個世界以外，自然隨大勢而趨了。我希望國內持強權論的，崇拜武斷（獨裁）主義的，好弄陰謀的，執著偏見想用一派勢力統治全國的，都快快拋棄了這種黑暗主義，向光明方面去呵！

這是很明顯的向當日的黑暗政治勢力公開宣戰了！從這一天起，北京大學就走上了干涉政治的路子，蔡先生帶著我們都不能脫離政治的努力了。

天安門演說之後，不多幾天，我因母親死了，奔喪南下。我走之後，獨秀，守常先生更忍不住要談政治了，他們就發起《每週評論》，用白話來做政治的評論。《每週評論》十二月二十二日出版，它的發刊詞也可以使我們看出那個狂熱的樂觀時代的大影響：

> 自從德國打了敗仗，「公理戰勝強權」這句話幾乎成了人人的口頭禪。……凡合乎平等自由的，就是公理；倚仗自家強力侵害他人的平等自由的，就是強權。……這「公理戰勝強權」的結果，世界各國的人都應該明白，無論對內對外，強權是靠不住的，公理是萬萬不能不講的了。美國大總統威爾遜屢次的演說都是光明正大，可算得現在世界上第一個好人。他說的話很多，其中頂要緊的是兩個主義：第一不許各國拿強權來侵害他國的平等自由，第二不許各國政府拿強權來侵害百姓的平等自由。這兩個主義不正是講公理不講強權嗎？……我們發行這《每週評論》的宗旨也就是「主張公理，反對強權」八個大字。

這裡固然有借題發揮的話，但獨秀和蔡先生在那時候都是威爾遜主義麻醉之下的樂觀者，他們天天渴望那「公理戰勝強權」的奇蹟的實現，一般天真爛漫的青年學生也跟著他們渴望那奇蹟的來臨。八年四月底，巴黎的電報傳來，威爾遜的理想失敗了，屈服了！克里蒙梭和牧野的強權主義終於勝利了！日本人自由支配山東半島的要求居然到手了！這個大打擊是青年人受不住的。他們的熱血濆湧了，他們赤手空拳的做出一個壯烈的愛國運動，替國家民族爭回了不少的權利。因為如果沒有他們的「五四運動」，我們的代表團必然要簽字的。簽了字，我們後來就不配再說話了。三年之後，華盛頓會議的結果，使我們收回山東的失地，其中的首功還得算「五四運動」的幾千個青年學生。

最後，我們要引孫中山先生評論「五四運動」的話來做這篇紀念文字的結論。孫先生說：

自北京大學學生發生五四運動以來，一般愛國青年無不以新思想為將來革新事業之預備，於是蓬蓬勃勃，發抒言論。國內各界輿論一致同倡。各種新出版物為熱心青年所舉辦者，紛紛應時而出，揚葩吐豔，各極其致。社會遂蒙絕大之影響。雖以頑劣之偽政府，猶且不敢攖其鋒。此種新文化運動在中國今日誠思想界空前之大變動。推原其始，不過由於出版界一二覺悟者從事提倡，遂至輿論放大異彩，學潮瀰漫全國，人皆激發天良，誓死為愛國之運動。倘能繼長增高，其將來收效之偉大且久遠者，可無疑也。吾黨欲收革命之成功，必有賴於思想之變化。兵法攻心，語曰革心，皆此之故。故此種新文化運動實為最有價值之事。（九年一月二十九日，《與海外同志書》）

中山先生的話是「五四」之後七個多月寫的。他的評判，我們認為很公允。他的結論「吾黨欲收革命之成功，必有賴於思想之變化」，這是不可磨滅的名言。我們在這紀念「五四」的日子，不可不細細想想今日是否還是「必有賴於思想的變化」。因為當年若沒有思想的變化，絕不會有「五四運動。」

二十四，四，二十九夜

個人自由與社會進步——再談五四運動

五月五日《大公報》的《星期論文》是張熙若先生的《國民人格之修養》。這篇文字也是紀念「五四」的，我讀了很受感動，所以轉載在這一期。我讀了張先生的文章，也有一些感想，寫在這裡作今年五四紀念的尾聲。

這年頭是「五四運動」最不時髦的年頭。前天五四，除了北京大學依慣例還承認這個北大紀念日之外，全國的人都不注意這個日子了。張熙若先生「雪中送炭」的文章使人頗吃一驚。他是政治哲學的教授，說話不離本行，他指出五四運動的意義是思想解放，思想解放使得個人解放，個人解放產出的政治哲學是所謂個人主義的政治哲學。他充分承認個人主義在理論上和事實上都有缺點和流弊，尤其在經濟方面。但他指出個人主義自有它的優點：最基本的是它承認個人是一切社會組織的來源。他又指出個人主義的政治理論的神髓是承認個人的思想自由和言論自由。他說：

個人主義在理論上及事實上都有許多缺陷流弊，但以個人的良心為判斷政治上是非之最終標準，卻毫無疑義是它的最大優點，是它的最高價值。……至少，它還有養成忠誠勇敢的人格的用處。此種人格在任何政制下（除過與此種人格根本衝突的政制）都是有無上價值的，都應該大量的培養的。……今日若能多多培養此種人材，國事不怕沒有人擔負。救國是一種偉大的事業，偉大的事業唯有有偉大人格者才能勝任。

張先生的這段議論，我大致贊同。他把「五四運動」一個名詞包括「五四」（民國八年）前後的新思潮運動，所以他的文章裡有「民國六七年的五四運動」一句話。這是五四運動的廣義，我們也不妨沿用這個廣義的說法。張先生所謂「個人主義」，其實就是「自由主義」（Liberalism）。我們在民國八九年之間，就感覺到當時的「新思潮」、「新文化」、「新生活」有仔細說明意義的必要。無疑的，民國六七年北京大學所提倡的新運動，無論形式上如何五花八門，意義上只是思想的解放與個人的解放。蔡元培先生在民國元年就提出「循思想自由言論自由之公例，不以一流派之哲學一宗門之教義梏其心」的原則了。他後來辦北京大學，主張思想自由，學術獨立，百家平等。在北京大學裡，辜鴻銘，劉師培，黃侃，陳獨秀和錢玄同等同時教書講學。別人頗以為奇怪，蔡先生只說：「此思想自由之通則，而大學之所以為大也」。（《言行錄》頁二二九）這樣的百家平等，最可以引起青年人的思想解放。我們在當時提倡的思想，當然很顯出個人主義的色彩。但我們當時曾引杜威先生的話，指出個人主義有兩種：

(1)假的個人主義就是為我主義(Egoism)，他的性質是隻顧自己的利益，不管群眾的利益。

(2)真的個人主義就是個性主義(Individuality)，他的特性有兩種：一是獨立思想，不肯把別人的耳朵當耳朵，不肯把別人的眼睛當眼睛，不肯把別人的腦力當自己的腦力。二是個人對於自己思想信仰的結果要負完全責任，不怕權威，不怕監禁殺身，只認得真理，不認得個人的利害。

這後一種就是我們當時提倡的「健全的個人主義」。我們當日介紹易卜生(Ibsen)的著作，也正是因為易卜生的思想最可以代表那種健全的個人主義。這種思想有兩箇中心見解：第一是充分發展個人的才能，就是易卜生說的：「你要想有益於社會，最好的法子莫如把你自己這塊材料鑄造成器。」第二是要造成自由獨立的人格，像易卜生的《國民公敵》戲劇裡的斯鐸曼醫生那樣「貧賤不能移，富貴不能淫，威武不能屈」。這就是張熙若先生說的「養成忠誠勇敢的人格」。

近幾年來，五四運動頗受一班論者的批評，也正是為了這種個人主義的人生觀。平心說來，這種批評是不公道的，是根據於一種誤解的。他們說個人主義的人生觀是資本主義社會的人生觀。這是濫用名詞的大笑話。難道在社會主義的國家裡就可以不用充分發展個人的才能了嗎？難道社會主義的國家裡就用不著有獨立自由思想的個人了嗎？難道當時辛苦奮鬥創立社會主義共產主義的志士仁人都是資本主義社會的奴才嗎？我們試看蘇俄現在怎樣用種種方法來提倡個人的努力（參看《獨立》第一二九號西瀅的《蘇俄的青年》，和蔣廷黻的《蘇俄的英雄》），就可以明白這種人生觀不是資本主義社會所獨有的了。

還有一些人嘲笑這種個人主義，笑它是十九世紀維多利亞時代的過時思想。這種人根本就不懂得維多利亞時代是多麼光華燦爛的一個偉大時代。馬克思，恩格斯都生死在這個時代裡，都是這個時代的自由思想獨立精神的產兒。他們都是終身為自由奮鬥的人。我們去維多利亞時代還老遠哩。我們如何配嘲笑維多利亞時代呢！

所以我完全贊同張熙若先生說的「這種忠誠勇敢的人格在任何政治下都是有無上價值的，都應該大量的培養的」。因為這種人格是社會進步的最大動力。歐洲十八九世紀的個人主義造出了無數愛自由過於麵包，愛真理過於生命的特立獨行之士，方才有今日的文明世界。我們現在看見蘇俄的壓迫個人自由思想，但我們應該想想，當日在西伯利亞冰天雪地裡受監禁拘囚的十萬革命志士，是不是新俄國的先鋒？我們到莫斯科去看了那個很感動人的「革命博物館」，尤其是其中展覽列寧一生革命歷史的部分，我們不能不深信：一個新社會，新國家，總是一些愛自由愛真理的人造成的，絕不是一班奴才造成的。

張熙若先生很大膽的把五四運動和民國十五六年的國民革命運動相提並論，並且很大膽的說這兩個運動走的方向是相同的。這種議論在今日必定要受不少的批評，因為有許多人絕不肯承認這個看法。平心說來，張先生的看法也不能說是完全正確。民國十五六年的國民革命運動至少有兩點是和民國六七八年的新運動不同的：一是蘇俄輸入的黨紀律，一是那幾年的極端民族主義。蘇俄輸入的鐵紀律含有絕大的「不容忍」（Intoleration）的態度，不容許異己的思想，這種態度是和我們在五四前後提倡的自由主義很相反的。民國十六年的國共分離，在歷史上看來，可以說是國民黨對於這種不容異己的專制態度的反抗。可惜清黨以來，六七年中，這種「不容忍」的態度養成的專制習慣還存在不少人的身上。剛推翻了布林什維克的不容異己，又學會了法西斯的不容異己，這是很不幸的事。

「五四」運動雖然是一個很純粹的愛國運動，但當時的文藝思想運動卻不是狹義的民族主義運動。蔡元培先生的教育主張是顯然帶有「世界觀」的色彩的。（《言行錄》頁一九七）《新青年》的同人也都很嚴厲的批評指斥中國舊文化。其實孫中山先生也是抱著大同主義的，他是信仰「天下為公」的理想的。但中山先生晚年屢次說起鮑羅廷同志勸他特別注重民族主義的策略，而民國十四五年的遠東局勢又逼我們中國人不得不走上民族主義的路。十四年到十六年的國民革命的大勝利，不能不說是民族主義的旗幟的大成功。可是民族主義有三個方面：最淺的是排外，其次是擁護本國固有的文化，最高又最艱難的是努力建立一個民族的國家。因為最後一步是最艱難的，所以一切民族主義運動往往最容易先走上前面的兩步。濟南慘案以後，九一八以後，極端的叫囂的排外主義稍稍減低了，然而擁護舊文化的喊聲又四面八方的熱鬧起來了。這裡面容易包藏守舊開倒車的趨勢，所以也是很不幸的。

在這兩點上，我們可以說，民國十五六年的國民革命運動是不完全和五四運動同一個方向的。但就大體上說，張熙若先生的看法也有不小的正確性。孫中山先生是受了很深的安格魯撒克遜民族的自由主義的影響的，他無疑的是民治主義的信徒，又是大同主義的信徒。他一生奮鬥的歷史都可以證明他是一個愛自由，愛獨立的理想主義者。我們看他在民國九年一月《與海外同志書》（引見上期《獨立》）裡那樣讚揚五四運動，那樣承認「思想之轉變」為革命成功的條件，我們更看他在民國十三年改組國民黨時那樣容納異己思想的寬大精神，——我們不能不承認，至少孫中山先生理想中的國民革命是和五四運動走同一方面的。因為中山先生相信「革命之成功必有賴於思想之轉變」，所以他能承認五四運動前後的「新文化運動實為最有價值的事」。思想的轉變是在思想自由言論自由的條件之下個人不斷的努力的產兒。個人沒有自由，思想又何從轉變，社會又何從進步，革命又何從成功呢？

二十四，五，六

《藏暉室札記》自序

《藏暉室札記》自序

這十七卷札記是我在美國留學時期（一九一〇—一九一七）的日記和雜記。我在美國住了七年，其間大約有兩年沒有日記，或日記遺失了。這裡印出的札記只是五年的記錄：

一九一〇年八月以後，有日記，遺失了。

一九一一年一月至十月，有簡單日記。（卷一）

一九一一年十一月至一九一二年八月，這中間只有短時期的日記（名為北田Northfield日記），遺失了。

一九一二年九月至十二月底，有日記。（卷二）

一九一三年一月至九月，只有四月間記了一條札記（卷三的首二頁），其餘全闕。

一九一三年十月至一九一七年七月回到上海，有札記十五卷。（卷三至卷十七）

這些札記本來只是預備給兄弟朋友們看的；其實最初只是為自己記憶的幫助

的，後來因為我的好朋友許怡蓀要看，我記完了一冊就寄給他看，請他代我收存。到了最後的三年（一九一四－一九一七），我自己的文學主張，思想演變，都寫成札記，用作一種「自言自語的思想草稿」(thinking aloud)。我自己發現這種思想草稿很有益處，就不肯寄給怡蓀，留作我自己省察的參考。因此我對於這種札記發生了很大的興趣，所以無論怎麼忙，我每天總要騰出一點工夫來寫札記，有時候一天可以寫幾千字。

我從自己經驗裡得到一個道理，曾用英文寫出來：

Expression is the most effective means of appropriating impressions.

譯成中國語就是：

要使你所得印象變成你自己的，最有效的法子是記錄或表現成文章。

試舉一個例子。我們中國學生對於「儒教」大概都有一點認識。但這種認識往往是很空泛的，很模糊的。假使有一個美國團體請你去講演「儒教是什麼」，你得先想想這個講演的大綱；你拿起筆來起草，你才感覺你的知識太模糊了，必須查書，必須引用材料，必須追溯儒教演變的歷史。你自己必須把這題目研究清楚，然後能用自己的話把它發揮出來，成為一篇有條理的講演。你經過這一番「表現」或「發揮」(expression)之後，那些空泛的印象變著實了，模糊的認識變清楚明白了，那些知識才可算是「你的」了。那時候你才可以算是自己懂得「儒教是什麼」了。

這種工作是求知識學問的一種幫助，也是思想的一種幫助。它的方式有多種：讀書作提要，札記，寫信，談話，演說，作文，都有這種作用。札記是為自己的了解的；談話，討論，寫信，是求一個朋友的了解的；演說，發表文章，是求一群人的了解的。這都是「發揮」，都有幫助自己了解的功用。

因為我相信札記有這種功用，所以我常用札記做自己思想的草稿。有時我和朋友談論一個問題，或通訊，或面談，我往往把談論的大概寫在札記裡，或把通訊的大要摘鈔在札記裡。有時候，我自己想一個問題，我也把思想的材料，步驟，結論，都寫出來，記在札記裡。例如我自己研究詩三百篇裡「言」字的文法，讀到小雅《彤弓》篇的「受言藏之」，「受言櫜之」，始大悟「言」字用在兩個動詞之間，有「而」字的功用。又如我研究古代魯語的代名詞「爾」、「汝」、「吾」、「我」等字，隨筆記出研究的結果，後來就用札記的材料，寫成我的爾汝篇和吾我篇。又如我的世界主義，非戰主義，不抵抗主義，文學革命的見解，宗教信仰的演變，都隨時記在札記裡，這些札記就是我自己對於這些問題的思想的草稿。

我寫這一大段話，是要我的讀者明白我為什麼在百忙的學生生活裡那樣起勁寫札記。

我開始寫札記的時候，曾說「自傳則吾豈敢」（卷三首頁）。但我現在回看這些札記，才明白這幾十萬字是絕好的自傳。這十七卷寫的是一箇中國青年學生五七年的私人生活，內心生活，思想演變的赤裸裸的歷史。他自己記他打牌，記他吸紙煙；記他時時痛責自己吸紙煙，時時戒菸而終不能戒；記他有一次忽然感情受衝動，幾乎變成了一個基督教信徒；記他在一個時期裡常常發憐要替中國的家庭社會制度作有力的辯護；記他在一個男女同學的大學住了四年而不曾去女生宿舍訪過女友；記他愛管閒事，愛參加課外活動，愛觀察美國的社會政治制度，到處演說，到處同人辯論；記他的友朋之樂，記他主張文學革命的詳細經過，記他的信仰思想的途徑和演變的痕跡。（在這裡我要指出，札記裡從不提到我受杜威先生的實驗主義的哲學的絕大影響。這個大遺漏是有理由的。我在一九一五年的暑假中，發憤盡讀杜威先生的著作，做詳細的英文提要，都不曾收在札記裡。從此以後，實驗主義成了我的生活和思想的一個嚮導，成了我自己的哲學基礎。但一九一五年夏季以後，文學革命的討論成了我們幾個朋友之間一個最熱鬧的題目，札記都被這個具體問題占去了，所以就沒有餘力記載那個我自己受用而不發生爭論的實驗主義了。其實我寫《先秦名學史》，《中國哲學史》，都是受那一派思想的指導。我的文學革命主張也是實驗主義的一種表現；《嘗試集》的題名就是一個證據。札記的體例最適宜於記載具體事件，但不是記載整個哲學體系的地方，所以札記裡不記載我那時用全力做的《先秦名學史》論文，也不記載杜威先生的思想）。這就是我的留學時代的自傳了。

這十七卷的材料，除了極少數（約有十條）的刪削之外，完全儲存了原來的真面目。我後來完全不信任何神教了，但我不諱我曾有一次「自願為耶穌信徒」。我後來很攻擊中國舊家庭社會的制度了，但我不刪削我當年曾發憤要著一部《中國社會風俗真詮》，「取外人所著論中國風俗制度之書一一評論其得失」（頁一〇三）。

我近年已拋棄我的不抵抗主義的和平論了，但我完全儲存了札記裡我的極端不抵抗主義的許多理論。這裡面有許多少年人的自喜，誇大，野心，夢想，我也完全不曾刪去。這樣赤裸裸的記載，至少可以寫出一個不受成見拘縛而肯隨時長進的青年人的內心生活的歷史。

因為這一點真實性，我覺得這十幾卷札記也許還值得別人的一讀。所以此書印行的請求，我拒絕了二十年，現在終於應允了。

整理這一大批札記的工作，我的朋友章希呂用力最多最勤（札記的分條題目，差不多全是希呂擬的），我要特別致謝。亞東圖書館的幾位朋友的鈔寫，整理，校印，也是我很感謝的。

最後，我用十分謝意把這部札記獻給我的死友許怡蓀。他在二十年前曾摘鈔《藏暉室札記》在《新青年》上陸續登載。這部札記本來是為他記的，它的印行也是他最盼望的。

一九三六，七，二十，在太平洋上總統柯立芝船裡

《文史》的引子

《文史》副刊是我們幾個愛讀書的朋友們湊合的一個「讀書俱樂部」。我們想在這裡提出我們自己研究文史的一些小問題，一些小成績。我們歡迎各地研究文史的朋友借這個小刊物發表他們的心得。我們盼望各地的朋友——認識的或不認識的——批評我們的結論，指摘我們的方法，矯正我們的誤錯。

我們用的「文史」一個名詞，可以說是泛指文化史的各個方面。我們當然不想在這個小刊物裡討論文化史的大問題。我們只想就各人平日的興趣，提出一些範圍比較狹小的問題，做一點細密的考究，尋求一些我們認為值得討論的結論。

文化是一點一滴的造成的。文化史的研究，依我們的愚見，總免不了無數細小問題所解答。高明的思想家盡可以提出各種大假設來做文化史的概括見解。但文學者的主要工作還只是尋求無數細小問題的細密解答。文化史的寫定終得倚靠這種一點一滴的努力。

我們沒有什麼共同的歷史觀。但我們頗盼望我們自己能夠努力做到一條方法上的共同戒律：「有幾分證據，說幾分話。」有五分證據，只可說五分的話。有十分證據，才可說十分的話。

「五四」的第二十八週年

民國八年五月四日到今天整二十八年了，許多人都不記得「五四」是怎麼一回事了。所以我要簡單的說說那一天的情形。

在那年五月一日至三日之間，從巴黎和會傳來的祕密訊息說：日本代表團在和會提出的關於山東問題的幾種強橫要求全都勝利了，威爾遜總統讓步了，德國在山東的各種權利都要交給日本接管了。

這個訊息傳出之後，北京的十幾個學校的幾千學生就在那個星期日（五月四日）在天安門開了一個大會，人人手裡拿著一面白旗，寫著「還我青島」，「還我山東」，「誅賣國賊曹汝霖陸宗輿章宗祥」，等等字樣。他們在大會上決定整隊遊行。他們整隊出中華門，沿途散了許多傳單，其中一張「北京學界全體宣言」有這些話：

現在日本在萬國和會要求併吞青島，管理山東一切權利，就要成功了！他們的外交大勝利了！我們的外交大失敗了！……所以我們學界今天排隊到各國公使館去要求各國出來維持公理。務望全國工商各界一律起來設法開國民大會，外爭主權，內除國賊！……

他們到美英法意四國使館遞了說帖之後，學生大隊經過戶部街，東長安街，東單牌樓，石大人衚衕，一直走到趙家樓的曹汝霖住宅。曹家的大門緊閉了。有幾個學生爬上別人肩頭，爬上牆，跳進去，把大門開啟，大隊學生就擁進去了。他們尋不著曹汝霖，只碰到了駐日公使章宗祥，打了他一頓，打的皮破血流。這時候，不知怎樣屋子裡有一處起了火，火勢大了，學生才跑出去。警察總監吳炳湘帶隊趕到，大眾已散去了，警察只捉去了在路上落後的三十三個人。

這是「五四」那天的經過。

北京政府最初採用壓迫的手段，拘捕學生，封禁《益世報》，監視《晨報》與《國民公報》，下令褒獎曹陸章三人的功績。學生更憤激了，他們組織了許多露天講演隊，勸國人買國貨，宣傳對日本的經濟抵制。全國各地的學生也紛紛響應，各地都組織了宣傳抵制日貨的講演團。日本政府來了幾次抗議之後，北京政府決心作大規模的壓迫。六月三日，警察開始捉拿街上講演的學生，一日之中捉了一千多人，都被拘禁在北京大學法科。六月四日街上講演的學生更多了，警察又捉了一千多人。北大法科容不下了，於是北大理科也成了臨時拘禁所。北河沿一帶，有陸軍第九師步兵一營和第十五團駐紮圍守。從東華門直到北大第三院，全是兵士帳棚！

六月四日上海天津得著北京拘捕幾千學生的訊息，學生當日全罷課了。上海的商人一致宣布罷市三天。南京，杭州，武漢，九江，天津，濟南，安徽，廈門各地的商人也都起來響應上海，宣布罷市，要求釋放學生，並要求罷免曹汝霖，陸宗輿，章宗祥三個親日的領袖。上海罷市的訊息傳來，北京政府才驚慌了。六月五日的下午，北河沿的軍隊悄悄的撤退了。學生都出來了，又上街講演了。

六月十日，政府罷免交通總長曹汝霖，駐日本公使章宗祥，幣制局總裁陸宗輿三人之職。

自從五月四日以後，全國各地與海外的學生會與公共團體都紛紛發電報，警告巴黎和會的中國代表團，不許他們在對德國的和約上簽字。在歐洲的中國學生組織了糾察隊，日夜監守中國代表的住宅，不許他們去簽字。

對德的和約本決定在六月二十八日下午三時在凡爾賽故宮簽字的。那天下午，中國代表沒有到場，並通告和會主席，宣告中國拒絕簽字。

「五四」事件在當時的結果，第一，使北京政府罷免曹陸章三人，第二，使巴黎和會的中國代表拒絕凡爾賽和約的簽字。這個青年學生愛國運動，後來大家都叫做「五四運動」。

五四不是一件孤立的事。五四之前，有蔡元培校長領導之下的北京大學教授與學生出版的《新青年》，《新潮》，《每週評論》所提倡的文學革命，思想自由，政治民主的運動。五四之後，有全國智識青年熱烈參預的新文藝運動，和各種新的政治活動。

孫中山先生在民國九年一月二十九日寫信給海外同志，曾有這一段議論：

自北京大學學生發生五四運動以來，一般愛國青年無不以新思想為將來革新事業之預備，於是蓬蓬勃勃，發抒言論，國內各界輿論一致同倡。各種新出版物為熱心青年所舉辦者，紛紛應時而出，揚葩吐豔，各極其致。社會遂蒙絕大之影響。雖以頑劣之偽政府，猶且不敢攖其鋒。此種新文化運動在中國今日誠思想界空前之大變動。推原其始，不過由於出版界一二覺悟者從事提倡，遂至輿論放大異彩，學潮瀰漫全國，人皆激發天良，誓死為愛國之運動。倘能繼長增高，其將來收效之偉大且久遠者，可無疑也。吾黨欲收革命之成功，必有賴於思想之變化。兵法攻心，語曰革心，皆此之故。故此種新文化運動實為最有價值之事。

中山先生這一番議論，寫在「五四」之後的第八個月，最可以表示當時一位深思遠慮的政治家對於五四運動的前因後果的公平估價。他說的「出版界一二覺悟者從事提倡」就是指《新青年》，《新潮》幾個刊物。他說的「學潮瀰漫全國，人皆誓死為愛國之運動」，「雖以頑劣之偽政府猶且不敢攖其鋒」，就是指五四運動的本身。他說的「一般愛國青年，蓬蓬勃勃，發抒言論，各種新出版物紛紛應時而出，揚葩吐豔，各極其致」，就是指五四以後各種新文藝，新思潮的刊物。（據當時的統計，民國八九年之間，全國各地的白話新期刊至少有四百種之多。）中山先生把當時的各種潮流綜合起來，叫做「新文化運動」，他承認「此種新文化運動在中國今日誠思想界空前之大變動」，「實為最有價值之事。」

孫中山先生的評判是很正確，很平允的，五四運動在兩個月之中，轟動了全國的青年，解放了全國青年的思想，把白話文變成了全國青年達意表情的新工具，使多數青年感覺用文字來自由發表思想感情不是一件困難的事。不是極少數古文家專利的事。經過了這次轟動全國青年的大解放，方才有中山先生所讚歎的「思想界空前之大變動」。這是五四運動永久的歷史意義。

中山先生是個革命領袖，所以他最能了解這個「思想界空前之大變動」在革命事業上的重要性。他對他的同志們說：「吾黨欲收革命之成功必有賴於思想之變化。」

我們在二十八年後紀念五四，也不能不仔細想想我們今日是否已「收革命之成功」，是否還「必有賴於思想之變化」。

「五四」的第二十八週年

青年人的苦悶

今年六月二日早晨，一個北京大學一年級學生，在悲觀與煩悶之中，寫了一封很沉痛的信給我。這封信使我很感動，所以我在那個六月二日的半夜後寫了一封一千多字的信回答他。

我覺得這個青年學生訴說他的苦悶不僅是他一個人感受的苦悶，他要解答的問題也不僅是他一個人要問的問題。今日無數青年都感覺大同小異的苦痛與煩悶，我們必須充分了解這件絕不容諱飾的事實，我們必須幫助青年人解答他們渴望解答的問題。

這個北大一年級學生來信裡有這一段話：

生自小學畢業到中學，過了八年淪陷生活，苦悶萬分，夜中偷聽後方訊息，日夜企盼祖國勝利，在深夜時暗自流淚，自恨不能為祖國作事。對蔣主席之崇拜，無法形容。但勝利後，我們接收大員及政府所表現的，實在太不像話。……生從淪陷起對政府所懷各種希望完全變成失望，且曾一度悲觀到萌自殺的念頭。……自四月下旬物價暴漲，同時內戰更打的起勁。生親眼見到同胞受饑餓而自殺，以及內戰的慘酷，聯想到祖國的今後前途，不禁悲從中來，原因是生受過敵人壓迫，實再怕作第二次亡國奴！……我傷心，我悲哀，同時絕望——在絕望的最後幾分鐘，問您幾個問題。

他問了我七個問題，我現在挑出這三個：

一，國家是否有救？救的方法為何？

二，國家前途是否絕望？若有，希望在那裡？請具體示知。

三，青年人將苦悶死了，如何發洩？

以上我摘鈔這個青年朋友的話，以下是我答覆他的話的大致，加上後來我自己修改引伸的話。這都是我心裡要對一切苦悶青年說的老實話。

我們今日所受的苦痛，都是我們這個民族努力不夠的當然結果。我們事事不如人：科學不如人，工業生產不如人，教育不如人，知識水準不如人，社會政治組織不如人；所以我們經過了八年的苦戰，大破壞之後，恢復很不容易。人家送兵船給我們，我們沒有技術人才去駕駛。人家送工廠給我們，——如勝利之後敵人留下了多少大工廠，——而我們沒有技術人才去接收使用，繼續生產，所以許多煙囪不冒煙了，機器上了鏽，無數老百姓失業了！

青年人的苦悶失望——其實豈但青年人苦悶失望嗎？——最大原因都是因為我們前幾年太樂觀了，大家都夢想「天亮」，都夢想一旦天亮之後就會「天朗氣清，惠風和暢」，有好日子過了！

這種過度的樂觀是今日一切苦悶悲觀的主要心理因素。大家在那「夜中偷聽後方訊息，日夜企盼祖國勝利」的心境裡，當然不會想到戰爭是比較容易的事，而和平善後是最困難的事。在勝利的初期，國家的地位忽然抬高了，從一個垂亡的國家一跳就成了世界上第四強國了！大家在那狂喜的心境裡，更不肯去想想坐穩那世界第四把交椅是多大困難的事業。天下那有科學落後，工業生產落後，政治經濟社會組織事事落後的國家可以坐享世界第四強國的福分！

試看世界的幾個先進國家，戰勝之後，至今都還不能享受和平的清福，都還免不了饑餓的恐慌。美國是唯一的例外。前年十一月我到英國，住在倫敦第一等旅館裡，整整三個星期，沒有看見一個雞蛋！我到英國公教人員家去，很少人家有一盒火柴，卻只用小木片向爐上點火供客。大多數人的衣服都是舊的補綻的。試想英國在三十年前多麼威風！在第二次大戰之中，英國人一面咬牙苦戰，一面都明白戰勝之後英國的殖民地必須丟去一大半，英國必須降為二等大國，英國人民必須吃大苦痛。但英國人的知識水準高，大家絕不悲觀，都能明白戰後恢復工作的巨大與艱難，必須靠大家束緊褲帶，挺起脊樑，埋頭苦幹。

我們中國今日無數人的苦悶悲觀，都由於當年期望太奢而努力不夠。我們在今日必須深刻的了解：和平善後要比八年抗戰困難的多多。大戰時須要吃苦努力，勝利之後更要吃苦努力，才可以希望在十年二十年之中做到一點復興的成績。

國家當然有救，國家的前途當然不絕望。這一次日本的全面侵略，中國確有亡國的危險。我們居然得救了。現存的幾個強國，除了一個國家還不能使我們完全放心之外，都絕對沒有侵略我們的企圖。我們的將來全靠我們自己今後如何努力。

正因為我們今日的種種苦痛都是從前努力不夠的結果，所以我們將來的恢復與興盛決沒有捷徑，只有努力工作一條窄路，一點一滴的努力，一寸一尺的改善。

悲觀是不能救國的，吶喊是不能救國的，口號標語是不能救國的，責人而自己不努力是不能救國的。

我在二十多年前最愛引易卜生對他的青年朋友說的一句話：「你要想有益於社會，最好的法子莫如把自己這塊材料鑄造成器」。我現在還要把這句話贈送給一切悲觀苦悶的青年朋友。社會國家需要你們作最大的努力，所以你們必須先把自己這塊材料鑄造成有用的東西，方才有資格為社會國家努力。

今年四月十六，美國南卡羅來納州的州議會舉行了一個很隆重的典禮，懸掛本州最有名的公民巴魯克（Bernard M.Baruch）的畫像在州議會的壁上，請巴魯克先生自己來演說。巴魯克先生今年七十七歲了，是個猶太種的美國大名人。當第一次世界大戰時，威爾遜總統的國防顧問，是原料委員會的主任，後來專管戰時工業原料。巴黎和會時，他是威爾遜的經濟顧問。當第二次世界大戰時，他是戰時動員總署的專家顧問，是羅斯福總統特派的人造橡皮研究委員會的主任。戰爭結束後，他是總統特任的原子能管理委員會的主席。他是兩次世界大戰都曾出大力有大功的一個公民。

這一天，這位七十七歲的巴魯克先生起來答謝他的故鄉同胞對他的好意，他的演說辭是廣播全國對全國人民說的。他的演說，從頭至尾，只有一句話：美國人民必須努力工作，必須為和平努力工作，必須比戰時更努力工作。

巴魯克先生說：「現在許多人說借款給人可以拯救世界，這是一個最大的錯覺。只有人們大家努力做工可以使世界復興，如果我們美國願意擔負起儲存文化的使命，我們必須作更大的努力，比我們四年苦戰還更大的努力。我們必須準備出大汗，努力撙節，努力製造世界人類需要的東西，使人們有麵包吃，有衣服穿，有房子住，有教育，有精神上的享受，有娛樂。」

他說：「工作是把苦悶變成快樂的煉丹仙人。」他又說：美國工人現在的工作時間太短了，不夠應付世界的需要。他主張：如果不能回到每週六天，每天八小時的工作時間，至少要大家同心做到每週四十四小時的工作；不罷工，不停頓，才可以做出震驚全世界的工作成績來。

巴魯克先生最後說：「我們必須認清：今天我們正在四面包圍攏來的通貨膨脹的危崖上，只有一條生路，那就是工作。我們生產越多，生活費用就越減低；我們能購買的貨物也就越加多，我們的剩餘力量（物質的，經濟的，精神的）也就越容易積聚。」

我引巴魯克先生的演說，要我們知道，美國在這極強盛極光榮的時候，他們遠見的領袖還這樣力勸全國人民努力工作。「工作是把苦悶變成快樂的煉丹仙人」。我們中國青年不應該想想這句話嗎？

一九四七年六月二十一日

《胡適留學日記》重印自序

這十七卷《留學日記》，原來題作《藏暉室札記》，民國二十八年上海亞東圖書館曾排印發行，有民國二十五年我寫的自序，說明這七年的日記儲存和付印的經過。這書出版的時候，中國沿海沿江的大都會都已淪陷了，在淪陷的地域裡我的書都成了絕對禁賣的書。珍珠港事件之後，內地的交通完全斷絕了，這部日記更無法流通了。

去年我回國之後，有些朋友勸我重印這部書。後來我同亞東圖書館商量，請他們把全書的紙版和發行權讓給商務印書館。這件事現在辦好了，這十七卷日記就由商務印書館重印發行了。

我向來反對中國文人用某某堂，某某室，某某齋做書名的舊習慣，所以我自己的文集就叫做《胡適文存》《胡適論學近著》。這個法子可以節省別人的腦力，也可以免除後人考訂「室名」、「齋名」的麻煩。「藏暉室」本是我在四十年前戒約自己的一個室名。在日記第十一卷的開始，我曾說：「此冊以後，吾札記皆名《胡適札記》，不復仍舊名矣。」民國初年，我的朋友許怡蓀摘鈔我的日記在《新青年》雜誌上發表，曾用《藏暉室札記》的標題。後來我允許亞東圖書館印行全部日記的時候，因為紀念一個死友的情感關係，我就沿用了《藏暉室札記》的名目。現在回想起來，我頗懊悔這件太牽就舊習慣的舉動，所以我現在決定改用《胡適留學日記》的標題。

亞東圖書館的幾位朋友校對這幾十萬字，用力很勤苦，錯誤很少。今年我曾自己校對一遍，又改正了一些小錯誤。

民國三十六年（一九四七）十一月八日

記於北平東廠衚衕一號

《胡適留學日記》重印自序

《師門五年記》序

我的朋友羅爾綱先生曾在我家住過幾年，幫助我做了許多事，其中最繁重的一件工作是抄寫整理我父親鐵花先生的遺著。他絕對不肯收受報酬，每年還從他家中寄錢來供他零用。他是我的助手，又是孩子們的家庭教師，但他總覺得他是在我家做「徒弟」，除吃飯住房之外，不應該再受報酬了。

這是他的狷介。狷介就是在行為上不苟且，就是古人說的「非其義也，非其道也，一介不以與人，一介不以取諸人。」（古人說「一介」的介是「芥」字借用，我猜想「一介」也許是指古代曾作貨幣用的貝殼？）我很早就看重爾綱這種狷介的品行。我深信凡在行為上能夠「一介不苟取，一介不苟與」的人在學問上也必定可以養成一絲一毫不草率不苟且的工作習慣。所以我很早就對他說，他那種一點一畫不肯苟且放過的習慣就是他最大的工作資本。這不是別人可以給他的，這是他自己帶來的本錢。我在民國二十年秋天答他留別的信，曾說：

「你這種『謹慎勤敏』的行為，就是我所謂『不苟且』。古人所謂『執事敬』，就是這個意思。你有美德，將來一定有成就。」

第二年他在貴縣中學教國文，寄了兩條筆記給我看，一條考定李清照《金石錄後序》的「王鏴」是「王涯」之誤；一條是考定袁枚祭妹文的「諾己」二字出於《公羊傳》，應當連讀。——我回他的信，也說：

「你你的兩段筆記都很好。讀書作文如此矜慎，最可有進步。你能繼續這種精神，——不苟且的精神，無論在什麼地方，都可有大進步。古人所謂『於歸而求之，有餘師』，真可以轉贈給你。」

我引這兩封信，要說明爾綱做學問的成績是由於他早年養成的不苟且的美德。如果我有什麼幫助他的地方，我不過隨時喚醒他特別注意：這種不苟且的習慣是需要自覺的監督的。偶然一點不留意，偶然鬆懈一點，就會出漏洞，就會鬧笑話。我要他知道，所謂科學方法，不過是不苟且的工作習慣，加上自覺的批評與督責。良師益友的用處也不過是隨時指點出這種鬆懈的地方，幫助我們做點批評督責的工作。

爾綱對於我批評他的話，不但不怪我，還特別感謝我。我的批評，無論是口頭，是書面，爾綱都記錄下來。有些話是頗嚴厲的，他也很虛心地接受。有他那樣一點一畫不敢苟且的精神，加上虛心，加上他那無比的勤勞，無論在什麼地方，他都會有良好的學術成績。

他現在寫了這本自傳，專記載他跟我做「徒弟」的幾年生活。我一口氣讀完了這本小書，很使我懷念那幾年的朋友樂趣。我是提倡傳記文學的，常常勸朋友寫自傳。爾綱這本自傳，據我所知，好像是自傳裡沒有見過的創體。從來沒有人這樣坦白詳細的描寫他做學問的經驗，從來也沒有人留下這樣親切的一幅師友切磋樂趣的圖畫。

一九四八年八月三日

北京大學五十週年

北京大學今年整五十歲了。在世界的大學之中，這個五十歲的大學只能算一個小孩子。歐洲最古的大學，如義大利的薩勞諾（Salerno）大學是一千年前創立的；如義大利的波隆那（Bologna）大學是九百年前創立的。如法國的巴黎大學是八百多年前一兩位大師創始的。如英國的牛津大學也有八百年的歷史了，康橋大學也有七百多年的歷史了。今年四月中，捷克都城的加羅林大學慶祝六百年。再過十六年，波蘭的克拉可（Cracow）大學，奧國的維也納大學都要慶祝六百年紀念了。全歐洲大概至少有五十個大學是五百年前創立的。

在十二年前，我曾參加美國哈佛大學的三百年紀念；八年前，我曾參加美國彭州大學（University of Pennsylvania）的二百年紀念。去年到今年，普林斯敦（Princeton）大學補祝二百年紀念，清華，北大都有代表參加。再過三年，耶魯大學要慶祝二百五十年紀念了。美國獨立建國不過是一百六七十年前的事，可是這個新國家裡滿二百年的大學已有好幾個。

所以在世界大學的發達史上，剛滿五十歲的北京大學真是一個小弟弟，怎麼配發帖子做生日，驚動朋友趕來道喜呢！

我曾說過，北京大學是歷代的「太學」的正式繼承者，如北大真想用年歲來壓倒人，他可以追溯「太學」起於漢武帝元朔五年（西元前一二四年）公孫弘奏請為博士設弟子員五十人。那是歷史上可信的「太學」的起源，到今年是兩千〇七十二年了。這就比世界上任何大學都年高了！

但北京大學向來不願意承認是漢武帝以來的太學的繼承人，不願意賣弄那二千多年的高壽。自從我到了北大之後，我記得民國十二年（一九二三）北大紀念二十五週年，廿七年紀念四十週年，都是承認戊戌年是創立之年。（北大也可以追溯到同治初年同文館的設立，那也可以把校史拉長二十多年。但北大好像有個堅定的遺規，只承認戊戌年「大學堂」的設立是北大歷史的開始。）

這個小弟弟年紀雖不大，著實有點志氣！他在這區區五十年之中，已經過了許多次的大災難，吃過不少的苦頭。他是「戊戌新政」的產兒，但他還沒生下地，那百日的新政早已短命了，他就成了「新政」遺腹子。他還不滿兩週歲，就遇著義和拳的大亂，犧牲了兩年的生命。辛亥革命起來時，他還只是一個十三歲的小孩子。民國成立的初期，他也受了政治波浪的影響，換了許多次校長。直到蔡元培，蔣夢麟兩位先生相繼主持北大的三十年之中，北大才開始養成一點持續性，才開始造成一個繼續發展的學術中心。可是在這三十年之中，北大也經過不少的災難。北大的三十週年（民國十七年，一九二八）紀念時，他已變成北平大學的一個學院了。他的四十週年（民國廿七年，一九三八）紀念是在昆明流離時期舉行的。

我今天要特別敘說北大遭遇的最大的一次危機，並且要敘述北大應付那危機的態度。

話說民國二十年一月，蔣夢麟先生受了政府的新任命，回到北大來做校長。他有中興北大的決心，又得到了中華教育文化基金董事會的研究合作費國幣一百萬圓的援助，所以他能放手做去，向全國去挑選教授與研究的人才。他是一個理想的校長，有魄力，有擔當，他對我們三個院長說：「辭退舊人，我去做，聘請新人，你們去做。」

蔣校長和他的同事們費了整整八個月的工夫籌備北大的革新。我們準備九月十七日開學，全國教育界也頗注意北大的中興，都預料九月十七日北大的新陣容確可以「旌旗變色」，建立一個「新北大」的底子。

民國二十年（一九三一）九月十七日，新北大開學了。蔣校長和全校師生都很高興。可憐第二天就是「九一八」！那晚上日本的軍人在瀋陽鬧出了一件震驚全世界的事件，造成了第二次世界大戰的序幕！

我們北大同人只享受了兩天的高興。九月十九早晨我們知道了瀋陽的大禍，我們都知道空前的國難已到了我們的頭上，我們的敵人絕不容許我們從容努力建設一個新的國家。我們那八個月辛苦籌備的「新北大」，不久也就要被摧毀了！

但我們在那個時候，都感覺一種新的興奮，都打定主意，不顧一切，要努力把這個學校辦好，努力給北大打下一個堅實可靠的基礎。所以北大在那最初六年的國難之中，工作最勤，從沒有間斷。現在的地質館，圖書館，女生宿舍都是那個時期裡建築的。現在北大的許多白髮教授，都是那個時期埋頭苦幹的少壯教授。

我講這段故事，是要說明北大這個多災多難的孩子實在有點志氣，能夠在很危險，很艱苦的情形之下努力做工，努力奮鬥。我覺得這個「國難六年中繼續苦幹」的故事在今日是值得我們北大全體師生記憶回念的，——也許比「五四」、「六三」等等故事還更有意味。

現在我們又在很危險很艱苦的環境裡給北大做五十歲生日，我用很沉重的心情敘述他多災多難的歷史，祝福他長壽康強，祝他能安全的渡過眼前的危難正如同他渡過五十年中許多次危難一樣！

一九四八年十二月十三日

《齊白石年譜》序

民國三十五年（一九四六）秋天，齊白石先生對我表示，要我試寫他的傳記。有一次他親自到我家來，把一包傳記材料交給我看。我很感謝他老人家這一番付託的意思，當時就答應了寫傳記的事。

那時我從外國回來，一時騰不出時間來做這件工作，到民國三十六年（一九四七）暑假中，我才有機會研究白石先生交來的這些材料：

（一）白石自狀略（白石八十歲時自撰，有幾個小不同的本子）

（甲）初稿本

（乙）初稿鈔本

（丙）初稿修改後印本（《古今》半月刊第三十五期）

（二）《借山吟館詩草》（自寫影印本）

（三）《白石詩草》自敘

（甲）初稿本

（乙）改定本

（四）《三百石印齋紀事》（雜記稿本）一冊

（五）《入蜀日記》殘葉

（六）《齊璜母親周太若身世》（白石自撰）

（七）《白石詩草》殘稿本，這裡面有隨時雜記的事，共一冊

（八）《借山圖題詞》（壬申抄本）一冊

（九）《齊白石傳》（未署名，似系王森然作，抄本）一冊

（十）白石老人雜件（剪報，收函等等）一小包

我讀了這些材料，很喜歡白石老人自己的文章。敘他的祖母，他的母親，他的妻子的文字（那時我還沒有看見他的《祭次男子仁文》都是很樸素真實的傳記文字，樸實的真美最有力量，最能感動人。他敘述他童年生活的文字也有同樣的感人力量。他沒有受過中國文人學做文章的訓練，他沒有做過八股文，也沒有做過古文駢文，所以他的散文記事，用的字，造的句，往往是舊式古文駢文的作者不敢做或不能做的！

試舉幾個例子。白石寫他的《母親周太君身世》，中有這一段：

田家供竈，常燒稻草，草中有未盡之穀粒，太君愛惜，以擣衣椎椎之，一日可得谷約一合，聚少成多，能換棉花。家園有麻。太君春紡夏績，不歇機聲。織成之布，先奉翁姑，餘則夫婦自著。……

又有這一段：

太君年三十後，翁棄世，……從此家境奇窮。（太君）恨不見純芝兄弟一日長成，身長七尺，立能反哺。……

前一段記椎穀粒，古文家也許寫得到。後段「恨不見純芝兄弟一日長成身長七尺」，古文家絕不敢這樣寫。白石的傳記文字裡，這樣大膽的真實描寫最多。如他記民國七年在紫荊山下避兵亂的痛苦：

時值炎熱，赤膚流汗，綠蟻蒼蠅共食，野孤穴鼠為鄰。如是一年，骨與枯柴同瘦，所有勝於枯柴者，尚多兩目，驚怖四顧，目睛瑩然而能動也。

又如他記民國八年他避兵亂北遊時的心緒：

臨行時之愁苦，家人外，為予垂淚者尚有春雨梨花。過黃河時乃幻想曰：「安得手有嬴氏趕山鞭，將一家草木同過此橋耶！」

這都是他獨有的風趣，很有詩意，也很有畫境。

我讀完了白石先生交給我的這些材料，我就把一切有年月可考的記錄分年編排，有時候也加上一點考訂。當初我本想完全用白石先生自己的話作材料，所以我曾想題名作《齊白石自述編年》。編年的骨幹當然是他八十歲時寫的《白石自狀略》。但我不久就發現了《自狀略》引用時必須稍加考訂。第一，因為《自狀略》的本子不同，有初稿與修改稿的差別。第二，因為老年人記憶舊事，總不免有小錯誤，故我們應該在可能範圍之內多尋參考印證的數據。第三，我最感覺奇怪的是《自狀略》的年歲同白石其他記載的年歲，往往有兩歲的差異！《自狀略》是他八十歲寫的，其時當民國二十九年（一九四〇）。從民國二十九年上推，他的生年應該是咸豐十一年辛酉（一八六一）。但我研究白石早年的記載，如《母親周太君身世》

等篇，白石是生在同治二年癸亥（一八六三）。我當時不敢親自去問他老人家，只好託人去婉轉探問他結婚時是和陳夫人同歲，還是比陳夫人小兩歲。（白石《祭陳夫人》說，「同治十三年正月廿一日乃吾妻於歸期也，是時吾妻年方十二。是年五月五日吾祖父壽終。」《自狀略》說他自己十二歲時祖父死。故我要他替我解答這個編年上的矛盾。如果他和陳夫人同歲，他們都是同治二年生的了。）但我得到的只是一個含糊的答覆，我就明白這裡面大概有個小祕密，我只好把我的懷疑與考證都記在初稿的小注裡，留待我的朋友黎劭西（錦熙）先生回來解答。

《齊白石自述編年》是我在民國三十六年八月寫成的。我把一本清鈔本送給白石老人自己審查批評。我的原稿留在我家裡預備黎劭西回到北平時我要送給他看，請他添補改削。劭西回湖南去了，直到民國三十七年（一九四八）四月才回北平。他和白石老人，都是湘潭縣人，兩家又有六七十年的親切交誼。所以我早就打定了主意，這部《白石年譜》必須得著劭西的批評訂補。他回到北平不到兩個月我就把我的原稿送給他，很誠懇的請求他跟我合作，完成這件工作。

黎劭西先生費了半年的工夫，添補了很多的寶貴材料，差不多給我的原稿增加了一倍的篇幅。他的最大貢獻，至少有四個方面。第一，他時常去訪問白石老人和他的兒子子如先生，他的女兒阿梅女士，從他們的口頭手頭得著不少數據，可以訂正我的錯誤，解答我的疑問，補充我的不足。最重要的是查得白石老人因為相信長沙舒貼上替他算的命，怕七十五歲有大災難，自己用「瞞天過海法」把七十五歲改為七十七歲！這一點弄明白了，年譜的紀年才可以全部改正。白石老人變的戲法能夠「瞞天」，終究瞞不過歷史考證的方法！第二，劭西最熟悉湘潭一帶的文物掌故，又熟悉白石老人做木匠時代的生活，故他不但替我註釋了胡心園，陳少蕃，蕭薌陔，文少可諸人的名號事蹟，並且用了許多有趣味的數據，把那個「芝木匠」時代的生活寫的很充實，很生動，使我明瞭當年湘潭一帶的藝術文化背景，使我們知道天才的齊白石也受到了歷史背景的許多幫助。第三，劭西對於繪畫與刻印，都比我懂得多多，所以他能引用一些我不知道的檔案來記敘白石在這兩方面的經驗與成就。特別是在學習刻印的經過，劭西的增補最可以補充我原稿的貧乏。第四，劭西有終身不間斷的日記，他用了他的日記來幫助考定許多白石事蹟的年月。他在自序裡曾說他將來也許還可以從民國十三年以後的日記裡尋出一點新材料來給《白石年譜》做「補遺」。我盼望他不要忘了這件補遺的工作。

劭西把他訂補的《白石年譜》送給我看，那時已是民國三十七年（一九四八）十一月了。我又請我的朋友鄧恭三（廣銘）先生把全稿拿去細看一遍。鄧先生是史學家，曾做過陳龍川，辛稼軒的傳記。他和他的夫人，他的大女兒，都曾校讀過我的《白石自述編年》初稿。恭三看了劭西訂補本之後，來問我為什麼不曾引用八卷本《白石詩草》的材料。我竟不知道白石自寫影印的《借山吟館詩草》一卷之外，還有一部八卷本《白石詩草》！劭西見我引用了《白石詩草自敘》，他猜想我必定已見了《白石詩草》全部，所以他沒有覆檢這八卷《詩草》。我請恭三放手做訂補的工作。他不但充分引用《白石詩草》裡的傳記數據，他還查檢了王闓運的《湘綺樓日記》，《湘綺樓全集》，和瞿鴻禨，易順甫，陳師曾，樊增祥諸人的遺集。他還沒有做完這部分工作，我已離開北平了。在民國三十八年（一九四九）開始的幾天，恭三夫婦和他們的大女兒可因分工合作，鈔成這部《白石年譜》的定本，遼遠的寄給我。

這本《白石年譜》大概不過三萬字，是黎劭西，鄧恭三和我三個人合作的成果。我們三個人都是愛敬白石老人的，我們很熱誠的把這本小書獻給他老人家。他在八十五歲時曾有詩句：

莫道長年亦多難，
太平看到眼中來。

我今天用這句詩預祝他九十歲的壽辰。

我們本想請徐悲鴻先生審查這部小書，並且要請他挑選白石老人各個時期的代表作品來作這本《年譜》的附錄。眼看這是不可能的了。我很感謝汪亞塵夫人和顧一樵（毓琇）先生從他們收藏的白石作品裡挑出一些最可愛的精品來給這書作附錄。

三十八，二，九

《明清名賢百家書札眞跡》序

陶君貞白收藏明清兩代名人的手札很多，今年他請臺北，臺中的學人幫助他挑出一百多位名人的書札真跡，影印流傳。我很贊成這件事，所以寫幾句話作個小序。

信札是傳記的原料；傳記是歷史的來源。故儲存古人信札的墨跡，即是為史家儲存最可靠的史料。

可惜中國文人學者寫信往往不標明年，月，日，或但記日而不記年月，或但記月日而不記年。這種信札往往需要慎重考證，才可以決定作札的年月日。這種考證是很不容易做的，往往是不可能的，是不可完全信賴的。

陶君的遠祖陶隱居（弘景）在一千四百年前，就在他的《周氏冥通記》裡特別指出：凡記月日，必須標明何年的月日。可惜一千四百年來很少人肯實行這種最明智的教訓。試看陶君所收一百多家手札，除了張叔未一人之外，全是僅記月日而不記年的。

我曾借看陶君收藏的張叔未十六札，其中只有一紙短短三行的便條沒有題年月日；其餘十五札，從道光廿二年壬寅到廿七年丁未，——從他七十五歲到八十歲，——每札都題道光某年某月某日。這種精神真可佩服！這種風範真可做法！

難道不記年月日的信札就全沒有史料價值了嗎？這也不盡如此。

有些信札的年月是容易考定的。如駱文忠札中詳述石達開在大渡河被擒的事，就使人可以查考作札的年月。

有些信札雖不記年分，也可以表現作者的性情風格。例如我的太老師吳清卿先生：他寫的信札，無論給家人朋友，無論給上司下屬，總是一筆不苟且，字字工整秀挺的。這不是表現性情風度的傳記數據嗎？

最後我要指出，一切手札墨跡都有幫助考證史料的功用。我在二十多年前曾買得劉子重（銓福）收藏的《脂硯齋評〈紅樓夢〉》十六回，有他的印章，又有他的三個短跋，現在我看了陶君收藏的兩大冊劉子重的短簡真跡，看了他的許多印章，證實了他的字跡，我更相信我的《紅樓夢》殘抄本確是他手藏手跋的本子了。

舊日石刻木刻的古人尺牘真跡，也有幫助考證稿本抄本真偽的功用。今日有照相影印的新法，古人的墨跡可以永遠保留真面目；後來的史家更可以利用真跡影本做考定史料的工具了！

一九五四年四月四日

「寧鳴而死，不默而生」

——九百年前范仲淹爭自由的名言

幾年前，有人問我，美國開國前期爭自由的名言「不自由，毋寧死」（原文是Patric Henry在一七七五年的「給我自由，否則給我死」Give me liberty, or give me death），在中國有沒有相似的話。我說，我記得是有的，但一時記不清楚是誰說的了。

我記得是在王應麟的《困學紀聞》裡見過有這樣一句話，但這幾年我總沒有機會去翻查《困學紀聞》。今天偶然買得一部影印元本的《困學紀聞》，昨天檢得卷十七有這一條。

范文正《靈烏賦》曰：「寧鳴而死，不默而生。」其言可以立懦。「寧鳴而死，不默而生」，當時往往專指諫諍的自由，我們現在叫做言論自由。

范仲淹生在西曆九八九，死在一〇五二，他死了九百〇三年了。他作《靈烏賦》答梅聖俞的《靈烏賦》，大概是在景祐三年（一〇三六）他同歐陽修，餘靖，尹洙諸人因言事被貶謫的時期。這比亨利柏得烈的「不自由，毋寧死」的話要早七百四十年。這也可以特別記出，作為中國爭自由史上的一段佳話。

梅聖俞名堯臣，生在西曆一〇〇三，死在一〇六一。他集中有《靈烏賦》，原是寄給范仲淹的，大意是勸他的朋友們不要多說話。……這篇賦的見解，文辭都不高明，……

范仲淹作《靈烏賦》，有自序說：

梅君聖俞作是賦，曾不我鄙，而寄以為好。因勉而和之。庶幾感物之意同歸而殊途矣。

因為這篇賦是中國古代哲人爭自由的重要文獻，所以我多摘鈔幾句：

靈烏，靈烏，
爾之為禽兮何不高飛而遠翥？
何為號呼於人兮告吉凶而逢怒！
方將折爾翅而烹爾軀，
徒悔焉而亡路。

彼啞啞兮如想，

請臆對而忍諭：

我有生兮累陰陽之含育，

我有質兮慮天地之覆露。

長慈母之危巢，

託主人之佳樹。……

母之鞠兮孔艱，

主之仁兮則安。

度春風兮既成我以羽翰，

眷高柯兮欲去君而盤桓。

思報之意，厥聲或異：

憂於未形，恐於未熾。

知我者謂吉之先，
不知我者謂凶之類。
故告之則反滅於身，
不告之則稔禍於人。
主恩或忘，我懷靡臧。
雖死而告，為凶之防。
亦由桑妖於庭，懼而修德，俾王之興；
雉怪於鼎，懼而修德，俾王之盛。
天聽甚邇，人言曷病！
彼希聲之鳳凰，
亦見識於楚狂。
彼不世之麒麟，

亦見傷於魯人。
鳳豈以譏而不靈？
麟豈以傷而不仁？
故割而可卷，孰為神兵？
焚而可變，孰為英瓊？
寧鳴而死，不默而生！
胡不學太倉之鼠兮，
何必仁為，豐食而肥？
倉苟竭兮，吾將安歸！
又不學荒城之狐兮，
何必義為，深穴而威？
城苟圮兮，吾將疇依！

……

我烏也勤於母兮自天，
愛於主兮自天。
人有言兮是然。
人無言兮是然。

這是九百多年前一箇中國政治家爭取言論自由的宣言。

賦中「憂於未形，恐於未熾」兩句，范公在十年後（一〇四六），在他最後被貶謫之後一年，作《岳陽樓記》，充分發揮成他最有名的一段文字：

嗟夫，予嘗求古仁人之心……不以物喜，不以己悲，居廟堂之高則憂其民，處江湖之遠則憂其君，是進亦憂，退亦憂。然則何時而樂耶？其必曰「先天下之憂而憂，後天下之樂而樂」乎？微斯人，吾誰與歸。

當前此三年（一〇四三）他同韓琦，富弼同在政府的時期，宋仁宗有手詔，要他們「盡心為國家諸事建明，不得顧忌」。范仲淹有《答手詔條陳十事》，引論裡說：

中國家革三代之亂，富有四海，垂八十年。綱紀制度，日削月侵，官壅於下，民困於外，夷狄驕盛，寇盜橫熾，不可不更張以救之。……

這是他在那所謂「慶歷盛世」的警告。那十事之中，有「精貢舉」一事，他說：

……國家乃專以辭賦取進士，以墨義取諸科，士皆舍大方而趨小道。雖濟濟盈盈，求有才有識者，十無一二。況天下危困，乏人如此，將何以救？在乎教以經濟之才，庶可以救其不逮。或謂救弊之術無乃後時？臣謂四海尚完，朝謀而夕行，庶乎可濟。安得宴然不救，並俟其亂哉。……

這是在中原淪陷之前八十三年提出的警告。這就是范仲淹所說的「憂於未形，恐於未熾」；這就是他說的「先天下之憂而憂」。

從中國向來智識分子的最開明的傳統看，言論的自由，諫諍的自由，是一種「自天」的責任，所以說，「寧鳴而死，不默而生。」

從國家與政府的立場看，言論的自由可以鼓勵人人肯說「憂於未形，恐於未熾」的正論危言，來替代小人們天天歌功頌德，鼓吹昇平的濫調。

一九五四年九月三日

《日本的幽默》序

老友顯光兄發現和欣賞日本幽默雖然遲了些，我卻還要由衷地慶賀他。

大家知道，每一個國家都有它自己的幽默，可是經常不容易給外人了解和欣賞的。最大的障礙是語言，習慣，歷史文化傳統的不同，再加上表達幽默的時候又常要加上些特殊的地方色彩。有了這種種障礙才造成了某某民族不懂幽默的神話。

有一位美國朋友告訴我一隻故事說：他有一次在一隻橫渡大西洋的大郵船上發現一個日本人每一個清晨每一個下午一定經常地在甲板上散著步。一天，風浪十分大，那個日本人還是照常散著步。當這個日本人走過我那美國朋友躺椅的面前時，美國朋友招呼著說道：「我發現你真是一位好Sailor。」（按英文Sailor原意雖作水手解，土話引申作為航海的旅客，好Sailor意即不怕風浪的人），那個日本人立定了答覆道：「先生，錯了。我不是水手：我是一位日本的貴族。」

或者就像這樣不懂外國語裡的土話才造成了日本人沒有幽默的神話。

我有很多日本朋友，他們的幽默感使我深感興趣。可是，我還是要說，我收集國際怕老婆的故事，始終沒有得到他們的幫助。再到顯光兄收的堆裡去找也沒有，大使這本集子裡既然提到了我日本沒有怕老婆故事的批評，他寫的那節「野蠻風俗」故事，又跟我一九五三年在日本外務大臣岡崎勝男招宴席上說的那段故事大有出入，我現在就把我當時發表收集怕老婆故事的政治意義，連同這故事本身，一併自己來說一說吧。

先從我收集這些故事說起。我在一九四二年就開始收集有關怕老婆的各國語文的故事，笑話和漫畫。我常常告訴朋友們說：「你在這個收藏裡面可以找到了解國際大問題的鑰匙，大到和戰問題也不會例外。你瞧吧：我這裡有幾百隻中國的怕老婆故事，可是沒有一隻從日本來的。美國，英國，斯干狄那維亞的這種故事也有幾百隻（麥克馬納斯的《帶大父親》McManus's Bringing up Father 我只採用了幾隻），可是沒有一隻從德國來的。倘然我們做一個結論說，人類中間這一種怕老婆的低階種子，只能在民主國家裡繁殖，不會產生在極權國家的土壤上，或者還不會錯吧？」

到了一九四三年，我的收藏特別豐富了，我又向朋友們說道：「這裡又有很多義大利怕老婆的故事，這中間瑪吉亞維利（Machiavelli）寫的那一隻可以算是我全部收藏裡面最好的一隻。我真要相信，義大利既然編入了怕老婆國家的一欄裡，恐怕它擠在軸心國家邊上不會感覺到愉快的吧。」義大利就在這一年的九月八日投降了。

現在我再來把大使極度沒有日本風味的命題「野蠻風俗」所指的那節原始故事說一說！

在岡崎的宴會席上（那一天有很多中日女客），我提到我的這批收藏和它的國際意義來做增加賓主興趣的談助。為了要證實日本丈夫從前不怕老婆的論據，我就講了下面一段故事：

在一九一六年那時候，中日戰爭還有一點可以避免的希望。因此兩國的銀行家實業家忙著磋商交換訪問團體，研究兩國間經濟實業合作的可能性。先由中國銀行家實業家組織團體訪日。日本也由兒玉領導組織了一個訪問團到中國來答訪。

兒玉在上海時，把下面一節故事告訴我的朋友徐新六：

「我們的船從神戶開出的時候，我就召集了全體團員和他們的眷屬，告誡他們到了中國應該怎樣檢點自己的行動。我提醒他們，中國是男女平等的，因此我們要特別留神，不要讓中國朋友譏笑我們的重男輕女。我又具體指出到了上海登岸的時候，妻子絕對不要跟在丈夫的後面，兩個人要臂挽著臂走，皮包該由男的拿，不能讓女的去提。

「大家都同意我的說法。於是就把行李搬到甲板上，每一個丈夫一手提皮包，一手挽著妻子演習著。演習得十分純熟。

「可是，到了第二天，船還沒有靠岸，很多中國朋友蜂擁到我們船上來歡迎我們。他們人數是那樣的多，歡迎又那樣的熱烈，竟使我們都把妻子忘記了。我們登了岸，歡迎我們的中國朋友特別的多了，我突然想起昨天說的那一套話。回頭再向船上看，只見我們的那一堆可憐的妻子，拖著大包小包，擠在人堆裡在賺紮著，沒有一個丈夫挽著她們任何一個的膀臂。我們全部考慮周詳的決議和訓練純熟的演習都是白費了！」

我講完了這只故事，在座的谷先生說：「兒玉先生也曾經把這只故事講給我聽過。我可以證明胡先生剛才說的跟原始故事是一樣的。」

兒玉的故事表現了日本幽默最美妙的部分，雖然這並不能跟我們大使的「野蠻風俗」所說的完全一樣。我希望老友前田多門可以把日本產絲區真正怕老婆的好故事借給顯光兄，不要讓新憲法以及「尼龍」、「戴龍」那些化學纖維糾正了這只不平等的天秤之後，淹沒了這些故事使後世歷史家收藏家都無從著手了。

一九五五年十一月十四日

大宇宙中談博愛

「博愛」就是愛一切人。這題目範圍很大。在未討論以前，讓我們先看一個問題：「我們的世界有多大？」

我的答覆是「很大！」我從前念《千字文》的時候，一開頭便已唸到這樣的辭句：「天地玄黃，宇宙洪荒。」

宇宙是中國的字，和英文的 Universe，World 的意思差不多，都是抽象名詞。

宇是空間（Space）即東南西北；宙是時間（Time）即古今旦暮。

《淮南子》說宇是上下四方，宙是古往今來。

宇宙就是天地，宇宙就是 Time —— Space。

古人能得「Universe」的觀念實在不易，相當合於今日的科學。

但古人所見的空間很小，時間很短，現在的觀念已擴大了許多。考古學探討千萬年的事，地質學，古生物學，天文學等等不斷的發現，更將時間空間的觀念擴大。

現在的看法：空間是無窮的大，時間是無窮的長。

古人只見到八大行星，二十年前只見九大行星。現在所謂的銀河，是古代所未能想像得到的。以前覺得太陽很遠，現在說起來算不得什麼，因為比太陽遠千萬倍的東西多得很。

科學就這樣地答覆了「宇宙究竟有多大？」這個問題。

現在談第二點：博愛。

在這個大世界裡談博愛，真是個大問題。

廣義的愛，是世界各大宗教的最終目的。墨子可謂中國歷史上最了不起的人，可說是宗教創立者（Founder of Reli-gion），他提出「兼愛」為他的理論中心。兼愛就是博愛，是愛無等差的愛。墨子理論和基督教教義有很多相合的地方，如「愛人如己」、「愛我們的仇敵」等。

佛教哲學本謂一切無常，我亦無常，「我」是「四大」（土，水，火，風）偶然結合而成的，是十分簡單的東西，因此無所謂愛與恨——根本不值得愛，也不值得恨。但早期佛教亦有愛的意念在：我既無常，可犧牲以為人。

和尚愛眾生，但是佛教不準自食其力，所以有人稱之為「叫化」（乞丐）宗教。自己的飯亦須取之於人，何能博愛？

古時很多人為了「愛」，每次登坑（大便）的時候便想想，大想一番，想到愛人。有些人則以身喂蚊，或以刀割肉，以自身所受的痛苦來顯示他們對人的愛。這種愛的方法，只能做到犧牲自己，在現代的眼光看來，是可笑的。這種博愛給人的幫助十分有限，與現代的科學——工程，醫學……等所能給我們的「博愛」比起來，力量實在小得可憐。今日的科學增進了人類互助博愛的能力。就說最近義大利郵船 Andrea Doria 號遇難的事吧，短短的數小時內就救起千多人。近代交通，醫學……等的發達，減少了人類無數的痛苦。

我們要談博愛，一定要換一觀念。古時那種喂蚊割肉的博愛，等於開空頭支票，毫無價值。現在的科學才能放大我們的眼光，促進我們的同情心，增加我們助人的能力。我們需要一種以科學為基礎的博愛——一種實際的博愛。

孔子說：「修己以敬，修己以安人，修己以安百姓。」修己就是把自己弄好。

我們應當先把自己弄好，然後幫助別人，獨善其身然後能兼善天下。同學們，現在我們讀書的時候，不要空談高唱博愛，但應先努力學習，充實自己，到我們有充分能力的時候才談博愛，仍不算遲。

《梁任公先生年譜長編初稿》序

梁任公先生死在民國十八年一月十九日。那天晚上我從上海到北平，很想見他一面，不料我剛下火車就聽見說任公先生已死了八個鐘頭了。次日，任公先生的遺體在廣慧寺大斂，我和丁在君先生，任叔永先生，陳寅恪先生，周寄梅先生，去送他入斂。任公先生的許多老朋友，如貴州蹇季常先生等，都是兩眼噙著熱淚。在君和我也都掉淚了。

二月初，在任公先生的追悼會上，大家都注意到丁在君的一副輓聯：

「生我者父母，知我者鮑子。
在地為河嶽，在天為日星。」

這副輓聯最可以寫出在君對於任公先生的崇敬，也最可以表示任公先生和在君的友誼。

梁先生死後，許多朋友都盼望丁在君擔任寫任公傳記的事。在君自己也有決心寫一部新式的《梁啟超傳記》。為了蒐集這部大傳記的數據，在君替梁氏家屬計劃向任公先生的朋友徵求任公一生的書札。這個徵求遺札的計劃的大旨是請任公的朋友把他的書札真跡借給梁家鈔副本，或照相片送給梁家。

當時徵求到的任公先生遺札，加上他的家信，總計大概有近一萬封之多。這樣的大成功是由於幾個原因：第一，任公先生早歲就享大名，他的信札多被朋友儲存，是很自然的。第二，他的文筆可愛，他的字也很可愛，他的信札都是紙精，墨好，字跡秀逸，值得收藏的。第三，當時國中沒有經過大亂，名人的墨跡容易儲存。

這近萬封的信札，就是這部《梁任公先生年譜長編初稿》的最重要的一批原料。此外，這部年譜還充分採用了許多同時人的記錄，如《南海先生自編年譜》，如任公的兄弟仲策（啟勳）的《曼殊室戊辰筆記》等等。這些記錄在當時只有稿本，到現在往往還沒有印本流傳，都是不易得的材料。（戊辰是民國十七年，梁仲策先生這部《戊辰筆記》作於任公先生死之前一年，是一部很可靠的傳記材料。可惜這部稿本後來已失落了。我舉仲策此書為例，要人知道在君編的這部年譜裡儲存了不少現在已很難得或已不可得的數據。）

在君開始聚集任公先生的傳記材料的時候，他是一個很忙的人，不能用全力來寫任公先生的傳記。民國十八年到十九年之間，在君領導了一個大規模的「西南地質調查隊」，直到十九年夏天才從西南迴到北平。民國二十年他做了北京大學的地質系研究教授，從二十年秋季開學起，到二十三年六月，他在北大教了三年書。從二十三年六月起，他接任中央研究院的總幹事。二十四年十二月他在湖南衡陽得病，二十五年一月五日，他死在長沙。

梁任公先生的年譜是在君先生在北京大學做教授的時期開始編纂的。在君自己是主編人，他請了一位青年學者趙豐田先生做他的助手，幫助他整理編寫他在那幾年裡蒐集的數據。因為材料實在很多，又因為在君自己實在太忙，所以這部年譜有些地方還可以看出這是一部草稿，沒有經過最後的整理寫定。例如頁五二引《李宣龔與丁在君書》，本文說是《李宜龔氏給編者的一封信》。這是很清楚的在君自稱「編者」。但頁十二引梁思成《致在君先生書》，本文說是《梁思成先生給丁在君文江先生的一封信》，頁十六也說是《梁思成致丁在君先生書》。這兩處都不稱「編者」了。

在君死後，他的朋友翁詠霓把這部沒有經過最後整理修改的初稿本油印了幾十部，分送給任公先生的家屬和朋友，請他們仔細審查一遍，附加評註，然後寄回——寄回給誰作綜合的整理修改，我現在已記不清楚了。我當年也收到一部油印本，後來好像是寄還給梁家了。事隔多年，我彷彿記得是由梁令嫻女士，思成，思永兩先生，思莊女士各位匯齊收到的油印本上箋注的意見，然後由他們決定請一位老輩朋友擔任修改這部初稿的巨大工作。丁月波先生（文淵）在此書的《前言》裡曾提及林宰平先生「正在整理這部著作」。很可能的，林宰平先生就是梁家姊妹弟兄委託修改此稿的人。

油印本好像是題作《梁任公先生年譜長編初稿》，這個題名可能是翁詠霓改題的，也可能是在君的本意。在君最初的意思是要寫一部現代式的《梁啟超傳記》，年譜不過是傳記的「長編」而已；不過是傳記的原料依照年月的先後編排著，準備為寫傳記之用。

油印本的底本就是中央研究院歷史語言研究所保藏的這部初稿本。這部初稿本原藏地質調查所，後來歸史語所收藏。

丁月波先生在他的《前言》裡，曾稱此本為「曬藍本」，那是不很正確的。這部《初稿》本是一部毛筆清鈔本。但其中引用的信件，或任公先生的詩文，或他種檔案，都是剪黏的曬藍本。當初編纂的計劃必定是把準備引用的傳記數據，如信札及他種檔案，一概都用曬藍複寫，以便剪下來分黏在各個稿本裡。最早的草稿本的引文必定也是曬藍剪黏的。後來這部清鈔本的引文也就照樣用曬藍的數據剪黏了。

月波又說，「其中經（在君）二哥修改的筆跡，都歷歷可考。」我細看全部《初稿》清鈔本，上面只有塗抹的筆跡，沒有修改的文字，實在無法可以指定那毛筆的鉤抹是在君的筆跡。大概這部初稿清鈔本的底本必是在君先生和趙豐田先生的草稿本，上面必定有在君親自修改的筆跡。據我的記憶，那部草稿本是送還給任公先生的家屬了。

這部《長編初稿》的主編人是丁文江，編纂助理人是趙豐田。全部書有一致的編纂體例。除了最早幾年之外，每年先有一段本年的大事綱領，然後依照各事的先後，分節敘述。凡引用檔案，各註明原件的來源。因為檔案是曬藍剪黏的，故偶有模糊不能辨認的字。又因為原料實在太多，趙君句讀標點也不免偶有小錯誤。

但這部《長編初稿》是大致完成了的一部大書。其中最後的一小部分可能是在君死後才趕完成的。（這是我的追憶，我不能斷定那一部分是在君死後才完成的。最後一年記任公先生之死，以及身後情形，都很潦草，顯然不像是在君看過的。）這部《長編初稿》儲存了許多沒有經過最後刪削的原料，所以任公先生的兒女們在當時都感覺，這一大批原料應該再經一遍刪削，方才可以付印流傳。

但我們在二十多年後，不能不承認，正因為這是一部沒有經過刪削的《長編初稿》，所以是最可寶貴的史料，最值得儲存，最值得印行。

世界書局的楊家駱先生受了丁文淵先生生前的委託，費了大力量把這部清鈔本重鈔了一部，用鈔本排印流傳，這件大工作費了兩年的時間，這是梁任公先生的朋友們和丁在君先生的朋友們都應該誠心感謝的！任公先生的兒女們在當時也許有種種的顧慮，不願意把這部沒有經過最後修改的原料長編印行出來。但在梁任公死後二十九年，丁在君死後二十二年，還沒有一部根據這部《長編初稿》寫出來的《梁任公年譜定本》，或《梁任公傳記》，——我們不應該再等候了。我們感謝楊家駱先生把這一大部《梁任公先生年譜長編初稿》排印出來。我們相信這部大書的出版可以鼓勵我們的史學者和傳記學者去重新研究任公先生，去重新研究任公和他的朋友們所代表的那個曾經震盪中國知識分子至幾十年之久的大運動。我們盼望，這部原料《長編》出版之後不久，就可以有新的、好的《梁啟超傳記》著作出來。

我們最感覺悲哀的是為這部稿本的流傳曾出了大力的丁月波先生竟不能親自看見這部大書的出版了！

一九五八，六，十

《師門五年記》後記

爾綱這本自傳是民國三十四年修改了給盧吉忱的。後來盧吉忱要我寫篇短序，我的序是三十七年八月才寫的。可能是我的序把這書的付印耽誤了。三十七年八月以後，吉忱就沒有印這本書的機會了。四十一年我在臺北，向吉忱取得此書的修改稿本。四十二年我去美國，就把這稿子帶了去。

如今吉忱去世已好幾年了，爾綱和我成了「隔世」的人已近十年了。

這幾年裡，朋友看見這稿子的，都勸我把他印出來。我今年回國，又把這稿子帶回來了。我現在自己出錢把這個小冊子印出來，不作賣品，只作贈送朋友之用。

一九五八年十二月七日晨

找書的快樂

主席，諸位先生：

我不是藏書家，只不過是一個愛讀書，能夠用書的書生，自己買書的時候，總是先買工具書，然後才買本行書，換一行時，就得另外買一種書。今年我六十九歲了，還不知道自己的本行到底是那一門？是中國哲學呢？還是中國思想史？抑或是中國文學史？或者是中國小說史？水經注？中國佛教思想史？中國禪宗史？我所說的「本行」，其實就是我的興趣，興趣愈多就愈不能不收書了。十一年前我離開北平時，已經有一百箱的書，大約有一二萬冊。離開北平以前的幾小時，我曾經暗想著：我不是藏書家，但卻是用書家，收集了這麼多的書，捨棄了太可惜，帶吧，因為坐飛機又帶不了。結果只帶了一些筆記，並且在那一二萬冊書中，挑選了一部書，作為對一二萬冊書的紀念，這一部書就是殘本的紅樓夢，四本只有十六回，這四本紅樓夢可以說是世界上最老的抄本。收集了幾十年的書，到末了只帶了四本，等於當兵的繳了械，我也變成一個沒有棍子，沒有猴子的變把戲的叫化子。

這十一年來，又蒙朋友送了我很多書，加上歷年來自己新買的書，又把我現在住的地方堆滿了，但是這都是些不相干的書，自己本行的書一本也沒有。找數據還需要依靠中研院史語所的圖書館和別的圖書館如臺灣大學圖書館，中央圖書館等救急。

找書有甘苦，真偽費推敲

我這個用書的舊書生，一生找書的快樂固然有，但是，找不到書的苦處也嘗到過。民國九年（一九二〇年）七月，我開始寫水滸傳考證的時候，參考的材料只有金聖嘆的七十一回本水滸傳，徵四寇及水滸後傳等，至於水滸傳的一百回本，一百一十回本，一百一十五回本，一百廿回本，一百廿四回本，還都沒有看到。等我的水滸傳考證問世的時候，日本才發現水滸的一百回本，一百一十回本及一百廿回本，同時我自己也找到了一百一十五回本及一百廿四回本。做考據工作，沒有書是很可憐的。考證紅樓夢的時候，大家知道的材料很多，普通所看到的紅樓夢都是一百廿回本，這種一百廿回本並非真的紅樓夢。曹雪芹四十多歲死去時，只寫到八十回，後來由程偉元，高鶚合作，一個出錢，一個出力，完成了後四十回。乾隆五十六年的活字版排出了一百廿回的初版本，書前有程，高二人的序文說：「世人都想看到紅樓夢的全本，前八十回中黛玉未死，寶玉未娶，大家極想知道這本書的結局如何？但卻無人找到全的紅樓夢。近因程、高二人在一賣糖攤子上發現有一大卷舊書，細看之下，竟是世人遍尋無著的紅樓夢後四十回，因此特加校訂，與前八十回一併刊出。」可是天下這樣巧的事很少，所以我猜想序文中的說法不可靠。

考證紅樓夢，清查曹雪芹

三十年前我考證紅樓夢時，曾經提出二個問題，這是研究紅學的人值得研究的：一，紅樓夢的作者是誰？作者是怎樣一個人？他的家世如何？家世傳記有沒有可考的數據？曹雪芹所寫的那些繁華世界是有根據的嗎？還是關著門自己胡謅亂說？二，紅樓夢的版本問題，是八十回？還是一百廿回？後四十回是那裡來的？那時候有七八種紅樓夢的考證，俞平伯，顧頡剛都幫我找過材料。最初發現乾隆五十七年（一七九二年）有程偉元序的乙本，其中並有高鶚的序文及引言七條，以後又發現早一年出版的甲本，證明後四十回是高鶚所續，而由程偉元出錢用活字刊印。又從其他許多材料裡知道曹雪芹家為江南的織造世職，專為皇室紡織綢緞，供給宮內帝后，妃嬪及太子，王孫等穿戴，或者供皇帝賞賜臣下。後來在清理故宮時，從康熙皇帝一祕密抽屜內發現若干檔案，知道曹雪芹的祖父曹寅，等於皇帝派出的特務，負責檢視民心年成，或是退休丞相的動態，由此可知曹家為闊綽大戶。紅樓夢中有一段說到王熙鳳和李嬤嬤談皇帝南巡，下榻賈家，可知是真的事實。以後我又經河南的一位張先生指點，找到楊鐘羲的《雪橋詩話》及《八旗經文》，以及有關愛新覺羅宗室敦誠，敦敏的記載，知道曹雪芹名霑，號雪芹，是曹寅的孫子，接著又找到了八旗人詩鈔，熙朝雅頌集，找到敦誠，敦敏兄弟賜送曹雪芹的詩，又找到敦誠的《四松堂集》，是一本清鈔未刪底本，其中有挽曹雪芹的詩，內有「四十年華付杳冥」句，下款年月日為甲申（即乾隆廿九年，西曆一七六四年）。從這裡可以知道曹雪芹去世的年代，他的年齡為四十歲左右。

險失好材料，再評石頭記

民國十六年我從歐美返國，住在上海，有人寫信告訴我，要賣一本脂硯齋重評石頭記給我，那時我以為自己的數據已經很多，未加理會。數年以後和徐志摩在上海辦新月書店，那人又將書送來給我看，原來是甲戌年手抄再評本，雖然只有十六回，但卻包括了很多重要史料。裡面有：「壬午除夕，書未成，芹為淚盡而逝。甲午八月淚筆」的句子，指出曹雪芹逝於乾隆廿七年冬，即西曆一七六三年二月十二日；又有：「句句看來皆是血，十年辛苦不尋常」詩句，充分描繪出曹雪芹寫紅樓夢時的情態。脂硯齋則可能是曹雪芹的太太或朋友。自從民國十七年二月我發表了《考證紅樓夢的新材料》之後，大家才注意到脂硯齋評本石頭記。不過，我後來又在民國廿二年從徐星署先生處借來一部《庚辰秋定本脂硯齋四閱評過的石頭記》，是乾隆廿五年本，八十回，其中缺六十四，六十七兩回。

談儒林外史，推贊吳敬梓

現在再談談我對儒林外史的考證：儒林外史是部罵當時教育制度的書，批評政治制度中的科舉制度。我起初發現的只有作者吳敬梓的文木山房集中的賦一卷（四篇），詩二卷（一三一首），詞一卷（四七首），拿這當做材料。但是在一百年前，中國的大詩人金和，他在跋儒林外史時，說他收有文木山房集，有文五卷，詩七卷。可是一般人都說文木山房集沒有刻本，我不相信，便託人在北京的書店找，找了幾年都沒有結果，到了民國七年才在帶經堂書店找到，我用這本集子參考安徽《全椒縣誌》，寫成一本一萬八千字的《吳敬梓年譜》，中國小說家傳記數據，沒有一個能比這更多的，民國十四年我把這本書排印問世。

如果拿曹雪芹和吳敬梓二人作一個比較，我覺得曹雪芹的思想很平凡，而吳敬梓的思想則是超過當時的時代，有著強烈的反抗意識。吳敬梓在儒林外史裡，嚴刻地批評教育制度，而且有他的較科學化的觀念。

有計劃找書，考證神會僧

前面談到的都是沒有計劃的找書，有計劃的找書更是其樂無窮。所謂有計劃的找書，便是用「大膽的假設，小心的求證」方法去找書，現在再拿我找神會和尚的事做例子，這是我有計劃的找書：神會和尚是唐代禪宗七祖大師，我從宋高僧傳的慧能和神會傳裡發現神會和尚的重要，當時便作了個大膽的假設，猜想有關神會和尚的數據只有在日本和敦煌二地可以發現。因為唐朝時，日本派人來中國留學的很多，一定帶回去不少史料，經過「小心的求證」，後來果然在日本找到宗密的圓覺大疏抄和禪源諸銓集，另外又在巴黎的國家圖書館及倫敦的大英博物館發現數卷神會和尚的數據。知道神會和尚是湖北襄陽人，到洛陽，長安傳布大乘佛法，並指陳當時的兩京法祖三帝國師非禪宗嫡傳，遠在廣東的六祖慧能才是真正禪宗一脈相傳下來的。但是神會的這些指陳不為當時政府所取信，反而貶走神會。剛好那時發生安史之亂，唐玄宗遠避四川，肅宗召郭子儀平亂，這時國家財政貧乏，軍隊餉銀只好用度牒代替，如此必須要有一位高僧宣揚佛法，令人樂於接受度牒，神會和尚就擔任了這項推行度牒的任務。郭子儀收復兩京（洛陽，長安），軍餉的來源，不得不歸功神會。安史之亂平了後，肅宗迎請神會入宮奉養，並且尊神會為禪宗七祖，所以神會是南宗的急先鋒，北宗的毀滅者，新禪學的建立者，壇經的創作者，在中國佛教史上沒有第二個人有這樣偉大的功勛。我所研究的《神會和尚全集》可望在明年由中央研究院歷史語言研究所出版。

最後，根據我個人幾十年來找書的經驗，發現我們過去的藏書範圍是偏狹的，過去收書的目標集於收藏古董，小說之類絕不在藏書之列。但我們必須了解了解，真正收書的態度，是要無所不收的。

一個防身藥方的三味藥

畢業班的諸位同學，現在都得離開學校去開始你們自己的事業了，今天的典禮，我們叫做「畢業」，叫做「卒業」，在英文裡叫做「始業」（Commencement），你們的學校生活現在有一個結束，現在你們開始進入一段新的生活，開始撐起自己的肩膀來挑自己的擔子，所以叫做「始業」。

我今天承畢業班同學的好意，承閣校長的好意，要我來說幾句話，我進大學是在五十年前（一九一〇），我畢業是在四十六年前（一九一四），夠得上做你們的老大哥了，今天我用老大哥的資格，應該送你們一點小禮物，我要送你們的小禮物只是一個防身的藥方，給你們離開校門，進入大世界，作隨時防身救急之用的一個藥方。

這個防身藥方只有三味藥：

第一味藥叫做「問題丹」。

第二味藥叫做「興趣散」。

第三味藥叫做「信心湯」。

第一味藥，「問題丹」，就是說：每個人離開學校，總得帶一兩個麻煩而有趣味的問題在身邊作伴，這是你們入世的第一要緊的救命寶丹。

問題是一切知識學問的來源，活的學問，活的知識，都是為了解答實際上的困難，或理論上的困難而得來的。年輕入世的時候，總得有一個兩個不大容易解決的問題在腦子裡，時時向你挑戰，時時笑你不能對付他，不能奈何他，時時引誘你去想他。

只要你有問題跟著你，你就不會懶惰了，你就會繼續有智識上的長進了。

學堂裡的書，你帶不走；儀器，你帶不走；先生，他們不能跟你去，但是問題可以跟你走到天邊！有了問題，沒有書，你自會省吃省穿去買書；沒有儀器，你自會賣田賣地去買儀器！沒有好先生，你自會去找好師友；沒有數據，你自會上天下地去找數據。

各位青年朋友，你今天離開學校，夾袋裡準備了幾個問題跟著你走？

第二味藥，叫做「興趣散」，這就是說：每個人進入社會，總得多發展一點專門職業以外的興趣——「業餘」的興趣。

你們多數是學工程的，當然不愁找不到吃飯的職業，但四年前你們選擇的專門職業，真是你們自己的自由志願嗎？你們現在還感覺你們手裡的文憑真可以代表你們每個人終身的志願，終身的興趣嗎？——換句話說，你們今天不懊悔嗎？明年今天還不會懊悔嗎？

你們在這四年裡，沒有發現什麼新的，業餘的興趣嗎？在這四年裡，沒有發現自己在本行以外的才能嗎？

總而言之，一個人應該有他的職業，又應該有他的非職業的玩意兒。不是為吃飯而是心裡喜歡做的，用閒暇時間做的，——這種非職業的玩意兒，可以使他的生活更有趣，更快樂，更有意思，有時候，一個人的業餘活動也許比他的職業還更重要。

英國十九世紀的兩個哲學家，一個是彌爾（J. S. Mill），他的職業是東印度公司的祕書，他的業餘工作使他在哲學上，經濟學上，政治思想史上，都有很大的貢獻。一個是史賓塞（Herbert Spencer），他是一個測量工程師，他的業餘工作使他成為一個很有勢力的思想家。

英國的大政治家邱吉爾，政治是他的終身職業，但他的業餘興趣很多，他在文學，歷史兩方面，都有大成就；他用餘力作油畫，成績也很好。

美國大總統艾森豪先生，他的終身職業是軍事，人都知道他最愛打高爾夫球，但我們知道他的油畫也很有工夫。

各位青年朋友，你們的專門職業是不用愁的了，你們的業餘興趣是什麼？你們能做的，愛做的業餘活動是什麼？

第三味藥，我叫他做「信心湯」，這就是說：你總得有一點信心。

我們生存在這個年頭，看見的，聽見的，往往都是可以叫我們悲觀，失望的——有時候竟可以叫我們傷心，叫我們發瘋。

這個時代，正是我們要培養我們的信心的時候，沒有信心，我們真要發狂自殺了。

我們的信心只有一句話：「努力不會白費」，沒有一點努力是沒有結果的。

對你們學工程的青年人，我還用多舉例來說明這種信心嗎？工程師的人生哲學當然建築在「努力不白費」的定律的基石之上。

我只舉這短短幾十年裡大家都知道的兩個例子：

一個是亨利福特（Henry Ford），這個人沒有受過大學教育，他小時半工半讀，只讀了幾年書，十六歲就在一小機器店裡作工，每週工錢兩塊半美金，晚上還得去幫別家做夜工。

五十七年前（一九〇三）他三十九歲，他創立 Ford Motor Co.（福特汽車公司），原定資本十萬元，只招得兩萬八千元。

五年之後（一九〇八），他造成了他的最出名的 model T 汽車，用全力製造這一種車子。

一九一三年——我已在大學三年級了，福特先生創立他的第一副「裝配線」（Assembly line）。

一九一四年，——四十六年前，——他就能夠完全用「裝配線」的原理來製造他的汽車了。同時（一九一四）他宣布他的汽車工人每天只工作八點鐘，比別處工人少一點鐘——而每天最低工錢五元美金，比別人多一倍。

他的汽車開始是九百五十元一部，他逐年減低賣價，從九百五十元直減到三百六十元——第一次世界大戰之後，減到二百九十元一部。

他的公司，在創辦時（一九〇三）只有兩萬八千元的資本，——到二十三年之後（一九二六）已值得十億美金了！已成了全世界最大的汽車公司了。一九一五年，他造了一百萬部汽車，一九二八年，他造了一千五百萬部車。

他的「裝配線」的原則在二十年裡造成了全世界的「工業新革命」。

福特的汽車在五十年中征服全世界的歷史還不能叫我們發生「努力不白費」的信心嗎？

第二個例子是航空工程與航空工業的歷史。

也是五十七年前——一九〇三年十二月十七，正是我十二整歲的生日，——

那一天，在北卡羅萊納州的海邊 Kitty Hawk（基帝霍克）沙灘上，兩個修理腳踏車的匠人，兄弟兩人，用他們自己製造的一隻飛機，在沙灘上試起飛，弟弟叫 Owille Wright，他飛起了十二秒鐘。哥哥叫 Wilbur Wright，他飛起了五十九秒鐘。

那是人類製造飛機飛在空中的第一次成功，——現在那一天（十二月十七日）是全美國慶祝的「航空日」——但當時並沒有人注意到那兩個弟兄的試驗，但這兩個沒有受過大學教育的腳踏車修理匠人，他們並不失望，他們繼續試飛，繼續改良他們的飛機，一直到四年半之後（一九〇八年五月），才有重要的報紙來報導那兩個人的試飛，那時候，他們已能在空中飛三十八分鐘了！

這四十年中，航空工程的大發展，航空工業的大發展，這是你們學工程的人都知道的，航空工業在最近三十年裡已成了世界最大工業的一種。

我第一次看見飛機是在一九一二年。我第一次坐飛機是在一九三〇年（三十年前）。我第一次飛過太平洋是在二十三年前（一九三七）；第一次飛過大西洋是在十五年前（一九四五年），當我第一次飛渡太平洋的時候，從香港到舊金山總共費了七天！去年我第一次坐 Jet 機，從舊金山到紐約，五個半鐘點飛了三千英哩！下月初，我又得飛過太平洋，當天中午起飛，當天晚上就到美國西岸了！

五十七年前，Kitty Hawk 沙灘上兩個腳踏車修理匠人自造的一個飛機居然在空中飛起了十二秒鐘，那十二秒鐘的飛行就給人類開啟了一個新的時代，——開啟了人類的航空時代。

這不夠叫我們深信「努力不會白費」的人生觀嗎？

古人說：「信心可以移山」（Faith moves mountains），又說：「功不唐捐」（唐是空的意思），又說：「只要功夫深，生鐵磨成繡花針。」

青年的朋友，你們有這種信心沒有？

《四進士》戲本

齊如山先生借給我《戲典》第一集（上海中央書店一九四八年出版），有《四進士》戲本（頁一七四—二一八），雖不是全本，已夠詳細了。

「四進士」者，毛朋，田倫，顧讀，劉廷俊四人，皆是新進士，因憤恨奸臣索賄留難，四人結義立誓，相約不得行賄枉法。戲中田倫（已放江西巡按，未上任）對他母親說：

當初我四人在京結拜，得中進士。可恨奸賊專權，不放我四人簾外（？）為官，多虧工部梅老先生保舉，才放我四人外出為官。奸賊不服，又差校尉沿途拿我兄弟情弊。我四人行至雙塔寺，對天盟誓，不許官裡過財，弊案（？）準情，貪贓賣放：如有此情，買棺木一口，仰面還鄉。……

又顧讀（汝南廣兵傳道，駐信陽州）說：

想當年我四人在京結拜，雙塔寺盟誓，不許官裡過財，弊案準情，貪贓賣放：如有此事，買棺木一口，仰面還鄉。

這是四進士的盟誓。

後來此四人前途不同。劉廷俊做河南汝寧府上澤縣知縣，好酒，不理民事。縣中發生了姚廷春與妻田氏毒死姚廷美的案子，「本縣太爺不與（姚廷美之妻）楊素貞作主」。姚廷春夫婦又串同素貞的哥哥楊青，將素貞賣給南京人楊春為妻。

第一場就是楊青賣妹，素貞不敢跟楊春回去，路遇微服私訪的新任河南巡撫毛朋，扮的是算命先生。素貞訴苦之後，楊春情願扯碎婚書，認素貞為妹，替她告狀。毛朋代寫狀子，——「為侵害謀產，掠吞串賣事」——他們準備到信陽州道臺衙門去「越州告狀」。

此戲是「社會問題戲劇」的意味的。主要的一個觀念是說個人被外力逼迫，犯法，犯罪，往往出於不得已。如姚田氏回家求她兄弟田倫寫信給顧讀求情，田倫不肯。她請母親代求，他還不肯，他明白的說明他們有雙塔寺的盟約。但他姊姊強扯母親跪下，田倫不得已，才寫信，並送三百銀子押書。

又如顧讀接到田倫的信與銀子，他不肯受，也提到雙塔寺的盟約。但銀子被師爺拿走了，他只好用刑逼楊素貞招供「害死親夫」。宋士傑喊冤，說「大人的官司審得不公：原告收監，被告放回，你是那些兒公道！」

此劇寫田倫，顧讀犯罪都出於不得已。戲文前半不可得見了，其中寫劉廷俊不與受冤人民作主，不知如何寫法。

當然，那個時代的人不會有我們今日的看法，不會主張個人犯罪，應該由社會分擔其責任。如此戲中寫田倫寫信時，暗中文昌帝君上場，「奉玉旨摘去田倫官星」，這分明是說，儘管出於不得已，犯罪仍由自己負責！故後來案發之後，田，顧二人皆問斬。可見編戲的人雖然懂得這兩人犯法，違誓，皆出於被逼迫，但他還不懂得這裡面的「社會責任」的真問題。如田倫說的「這封書小弟不肯寫，因母命難違」，這就是編戲的人不敢進一步考問真問題了。

此戲的不平凡處是寫戲中主角乃是一個「曾在道臺衙門當過一名刑房書吏」的宋士傑。末尾毛按院唱：「宋士傑說話真直性，說來本院如啞人。……你可算說不倒的一個老先生！」在舊戲裡，很少見這樣好的句子。

五十四年前，我在上海做學生，程鑒泉請我看戲。我第一次看到《四進士》，就覺得這齣戲編的好，並且很有意思。今天因感如山老人的好意，我寫這段筆記。

一九六一，五，廿四

爲陶冷月的畫所寫的跋語

為陶冷月的畫所寫的跋語

我是不懂畫的，但我總覺得中國畫受點西洋畫的影響只會有好處，不會有大害處的。今天見了陶冷月先生的幾幅畫，我更信我這個意見是不錯的。陶君作畫，參東西畫家的方法，格局意境多用中國法，光影渲染則多用西法。有成見的人也許看不慣這種不中不西的作法。但我們平心觀察，都不能不認這是很正常的嘗試。例如中國舊法絕不能畫夜景，所謂夜景，其山水樹木一一如畫間所見，不過桌子上畫一盞燈，空中畫一鉤新月而已。這種幼稚作法，只能畫月，而不能畫月光月色，顯然是一缺陷。陶君略用西法，所作月夜諸品，皆能寫光寫色，這便是一種成績了。

但我看陶君的作品時，也有一種感想：我覺得陶君似乎有意作這種調和事業。我以為這倒可以不必。中國畫西洋畫皆可以獨立成一個東西，不必有意去調和他們。最好是學西洋畫時，腦中筆下如無中國畫；學中國畫時，腦中筆下也就如無西洋畫。先要各畫其所以長，然後能運用自如，遇什麼境界，自然用什麼方法，皆出於不得已，故不露一毫斧鑿的痕跡，而能成調和的大功。陶君英年勤學，他日的成就不可限，故我為陶君進這一解。

我的車和我的車伕

昨天我經過北新橋的時候，我的車伕忽然喊道，「老爺，您可記得王二嗎？他現在死啦。他家離這裡不遠。」

王二是我三年前的車伕。前年我的太太因為他懶，不肯擦車，不肯掃地，叫他走了。後來我又叫他回來。不久，他得了比我家更好的事，就告假走了。現在的車伕，當日就是他的替工。

我聽說他死了，心裡不免可憐他，就問道：

「他什麼病死的？」

「我不大清楚，聽說他吐過血。」

「他家裡還有什麼人？」

「一個老婆，兩個女孩子。」

「他老婆現在怎樣過日子呢？」

「聽說他要錢呢。」

我不懂他的意思，所以又問：「怎樣要錢？」他說，「在街上要飯。」他接著又說：

「王二哥心眼重。」

我又不懂了，便問：「什麼叫做心眼重？」

「他太厲害啦，心不好，太精明啦。」

我聽到這裡，腦筋裡引起了許多過去的事實，一件接著一件，我便不往下問了。

「王二太精明啦，」這一句話是很有討論的餘地的。今天我的車伕口裡的兩句話難道就是王二哥的蓋棺定論了嗎？

王二初來時，我倒很喜歡他。他是二十多歲的人，不愛說話，很熟識北京的街道。他似乎愛裝門面，因為他去替我們租車，挑了一部很好看的車。車桿橫軸上有琺瑯的圖案畫，車上那兩片半圓的障泥，也有很細微的花樣。這部車的月租要多一圓。車伕尚且要裝門面，我們自然也不便愛惜這一塊錢了。

過了半年，我的好朋友唐先生問我可要買一部舊的車。他有一部可以賣給我，只要四十五塊錢。唐先生是交通部的一個科長，他父親是廣東的一個富商，聽說有百萬的家產，所以唐先生在北京的起居是很闊綽的。我平日卻不曾留意他的車子是什麼樣子的，但我懸想，唐先生的車子總不會很壞的。這一次他奉部令派到美國去，有一年的擔擱，所以他要把粗重的傢俱賣掉一點。我正愁每月十八元的車費太大，聽說一部新車要值一百二十塊錢，所以不敢存買車的念頭。現在唐先生的舊車只要四十五元，而且唐先生的車總不會很蹩腳的，這自然是狠動聽的。

我雖是一個窮書生，卻有點闊脾氣；況且朋友之間不好討價還價。因此，我一口就答應了；付了四十五元，說定他出京之日把車送來。

那一天，唐先生出京了。到了晚上七點多鐘，天已黑了，我們正在吃夜飯。我的廚師兼門房上來回道，「唐先生的車伕和底下人把那部洋車抬過了。」我聽見那個「抬」字，幾乎把飯都噴了出來，說道，「洋車怎麼要人抬？」我的廚師兼門房說，「車子壞了，不好拉了。」

我的太太對我微笑，我也明白了，但不好說什麼，只說，「天黑了，不用瞧了；放在院子裡，這是給他們的酒錢。」

第二天，叫人來看過，都說這車得大大的洗個澡。「洗澡」的價錢是二十一元八角五分。連車價共六十六元八角五分。

從此我坐的是自己的車了。車伕的工錢，每月十元。王二似乎不大高興，也不知道是因為車桿頭上少了琺瑯橫軸，還是因為別的緣故。

過了一個月，唐先生在上海放洋了。他臨行時，寄我一張明信片，上寫著：

前售與兄之車，想已送到府上。頃聞友人言此車已不值四十五元，只值四十元耳。所餘五元，不及寄還。為兄需用美國書報，當為代辦。

唐先生究竟不失為好人，他大概預料我總會還價，故不妨討價多點。不料我既不看貨，又不還價，倒使他後來心裡過意不去。這就是窮書生的闊脾氣的不好之處了。

這部車子「洗澡」之後，倒也不很難看。只是一件：一個月他總要出好幾回岔子。有一天，上午修好，下午又炸了。還有一天，我上朝陽門外義園裡去看一個朋友的新墳，回頭時，剛離開墳地，車輪上的皮帶就炸了。我走了足足十多里路，方才叫著車子。每月的修理費雖然不很多，但這種搗亂的岔子究竟是很麻煩的。

前年夏天，我在南方住了一個多月。我的太太代我領到了一個半月的欠薪，遂給我定打了一部新車。我回來見了，自然也高興。然而那位愛裝門面的王二仍舊不大高興。——也許是因為新車的車桿頭上仍舊沒有琺瑯的橫軸。

我們決計把唐先生賣給我的舊車轉賣出去。然而我們竟不知道怎樣去尋一個買主，只好請教王二。王二說，「怕沒有人要了，頂多也賣不上十來塊錢。」我說，「價錢隨便點罷，你去問問看。」

那天下午，就有人要買了。王二說，他只肯出十三塊錢。我想，這部車子原價連「洗澡費」也只有六十六七元，我用了八個月，每月省了八元的車租，八八六十四，已不算虧本了。加上十三元，竟賺出修理費和利錢來了。所以我很高興的就把車賣了，心裡覺得很徼倖，這部車子出門時居然還不消用兩個人抬！

《茶花女》的小說與劇本

中國翻譯西洋小說，最早的要算陶以耳的《福爾摩斯偵探案》和小仲馬的《茶花女》。《茶花女》小說的影響最大，愛讀的人最多。二十多年前，春柳社提倡新戲，曾演過《茶花女》新戲，好像是用日本譯的小仲馬的《茶花女》劇本改造的。後來上海又有一出《中國之新茶花女》新戲，是演一個愛國妓女的故事。但小仲馬的《茶花女》劇本在當時並沒有中文譯本。

近幾年始有人從法文譯出《茶花女》劇本。又隔了好幾年，到現在才有北平小劇院試演這戲。

平心而論，《茶花女》劇本的文學價值遠不如小說。小說中有許多是哀豔沉痛的文字，在劇本裡都無法表現出來。然而五六年前我在巴黎的 Odeon 劇場看演此戲，觀眾中有許多人嗚咽哭泣的。這可見劇本雖然刪去了不少的材料，究竟因為戲劇是實地表演，其感人之力比讀小說更強，所以能彌補其文字上的缺陷，仍能使觀眾嗚咽涕泣。

西洋的有名小說往往有改作戲劇的。但一部文學名著的小說和劇本兩種形式全翻譯成中文的，至今還只有《茶花女》一部。

我覺得這回小劇院試演這戲是很值得注意的。不但在演劇的藝術上這是一次很重要的試驗。——關於這一點，我不配多談。——單就編劇的技術上，這戲一定可以給我們很多的教訓。我們試想，如果把《茶花女》小說交給上海的麒麟童先生去編作戲劇，他豈不要編成一部三四本或七八本的「連臺新戲」？我們更試想，如果把這部小說交給齊如山先生或金仲蓀先生去編做戲劇，他們大概可以編成一種什麼樣子的劇本？有多少情節他們敢大膽刪去？有多少情節他們肯忍心刪去？有多少地方他們能夠為牽就戲劇的限制而大膽增削改造？

我們再看小仲馬自己改造他的小說做成劇本，是用何種手段。我們應該學他的剪裁工夫，因為改小說材料做劇本，最要緊的是這剪裁工夫。我們至少從這裡可以學學小說與劇本的技術上的根本區別。

電子書購買　爽讀 APP

國家圖書館出版品預行編目資料

胡適介紹自己的思想 / 胡適 著 . -- 第一版 . -- 臺北市 : 複刻文化事業有限公司 , 2023.11
面；　公分
POD 版
ISBN 978-626-97907-7-7(平裝)
1.CST: 胡 適 2.CST: 學 術 思 想 3.CST: 傳 記 4.CST: 文集
783.3886　　112017498

胡適介紹自己的思想

臉書

作　　者：胡適
發 行 人：黃振庭
出 版 者：複刻文化事業有限公司
發 行 者：複刻文化事業有限公司
E-mail：sonbookservice@gmail.com
粉 絲 頁：https://www.facebook.com/sonbookss/
網　　址：https://sonbook.net/
地　　址：台北市中正區重慶南路一段六十一號八樓 815 室
Rm. 815, 8F., No.61, Sec. 1, Chongqing S. Rd., Zhongzheng Dist., Taipei City 100, Taiwan
電　　話：(02) 2370-3310　**傳　　真**：(02) 2388-1990
印　　刷：京峯數位服務有限公司
律師顧問：廣華律師事務所 張珮琦律師

定　　價：299 元
發行日期：2023 年 11 月第一版
◎本書以 POD 印製